SANTOS ACCIDENTALES

Copyright © 2015 by Nadia Bolz-Weber.

SANTOS ACCIDENTALES
Encontrando a Dios en las Personas Equivocadas
de Nadia Bolz-Weber. 2019, JUANUNO1 Ediciones.

Título de la publicación original: "Accidental Saints"
This translation published by arrangement with Convergent Books, an imprint of Random House, a division of Penguin Random House LLC. / Esta traducción es publicada por acuerdo con Convergent Books, un sello de Random House, una división de Penguin Random House LLC.

ALL RIGHTS RESERVED. | TODOS LOS DERECHOS RESERVADOS.
Published in the United State by JUANUNO1 Ediciones,
an imprint of the JuanUno1 Publishing House LLC.
Publicado en los Estados Unidos por JUANUNO1 Ediciones,
un sello editorial de JuanUno1 Publishing House LLC.
www.juanuno1.com

JUANUNO1 EDICIONES, logos and its open books colophon, are registered trademarks of JuanUno1 Publishing House LLC. | JUANUNO1 EDICIONES, los logotipos y las terminaciones de los libros, son marcas registradas de JuanUno1 Publishing House LLC.

Library of Congress Cataloging-in-Publication Data
Name: Bolz-Weber, Nadia, author.
Santos accidentales : encontrando a dios en las personas equivocadas / Nadia Bolz-Weber
Published: Hialeah : JUANUNO1 Ediciones, 2019
Identifiers: LCCN 2019952955
LC record available at https://lccn.loc.gov/2019952955

REL012120 RELIGION / Christian Living / Spiritual Growth
BIO018000 BIOGRAPHY & AUTOBIOGRAPHY / Religious

Hardcover ISBN 978-1-951539-06-1
Paperback ISBN 978-1-951539-07-8
Ebook ISBN 978-1-951539-08-5

Los detalles de algunas anécdotas han sido modificados para proteger la identidad de las personas.

Todos los versículos bíblicos que aparecen como destacados o apartados en este libro corresponden a Santa Biblia, NUEVA VERSIÓN INTERNACIONAL® NVI® © 1999, 2015 por Biblica, Inc.®, respetando los términos de uso expresados en su página web biblica.com/terms-of-use/ consultado en Marzo 2019.

Diseño de la carátula por Jessie Sayward Bright, bajo autorización de Penguin Random House; imagen interior de Bertie the Tattooed por Charles "Red" Gibbons, c. 1920 (foto en blanco y negro), American School (siglo XX)/Colección privada/ Prismatic Pictures/Bridgeman Images.

Traducción: Alvin Góngora
Editor: Tomás Castaño Marulanda
Diagramación interior: María Gabriela Centurión
Adaptación Portada al Español: ZONA21.net
Director de Publicaciones JUANUNO1 Ediciones: Hernán Dalbes

Firts Edition | Primera Edición
Hialeah, FL. USA.
-2019-

Hablan de
Nadia Bolz-Weber y *Santos Accidentales*

"Decididamente honesto (y lleno de humor)... No tienes que profesar religión alguna para que este libro te sea de provecho."
— *El Libro del Año 2015 para* NPR.

"Cubierta de tatuajes y bocasucia, (Bolz-Weber) es una campeona de la gente que ya está harta de que la menosprecien por no ser lo suficientemente cristiana, según la derecha, ni seguidora de un Jesús lo suficientemente radical, según la izquierda."
— *THE WASHINGTON POST*

"Lo sorprendente de Nadia Bolz-Weber es que logra llevar su cristianismo a esos rincones de la vida en los que la iglesia se sentiría francamente incómoda si fuera hasta allá."
— *THE DAILY BEAST*

"Sumerge a quien lo lee en una lectura compulsiva... El amor por Dios y por la humanidad en Bolz-Weber brilla en cada página."
— *PUBLISHERS WEEKLY*

"Traviesamente divertida y dolorosamente vulnerable, teológicamente matizada y líricamente sonora, la voz de Bolz-Weber comunica el escándalo de Cristo y de los sacramentos de su iglesia con la fuerza y vitalidad que la mayoría de los escritores quisieran convocar."
— *THE CHRISTIAN CENTURY*

"Cautivante y de fácil acceso... Bolz-Weber mantiene sus ojos abiertos a las tribulaciones personales con las que luchan aquellos en los márgenes de la sociedad y las personas carentes de fe."
— *BOOKLIST*

"Nadia Bolz-Weber es lo que obtendrías si mezclaras los ADN de Louis C. K., Joey Ramone y San Pablo."
— A. J. JACOBS, Editor General de *Esquire* y autor de *The Year of Living Biblically*

"Decir que este es un libro sobre la obra de Dios a través de gente imperfecta sería reducir un trabajo de una interacción profunda y sin maquillajes con la verdad al cliché en el que con maestría evita caer. *Santos accidentales* es un triunfo de fidelidad en la narración de relatos. En tan solo algunos renglones de descripciones y diálogos, Nadia Bolz-Weber se las ingenia para capturar todo lo bello, enloquecedor y terrible de nuestra humanidad común, incluyendo sus propias inconsistencias y luchas como una pecadora santa que ama a Jesús. Este es uno de esos libros extraños que te llevarán simultáneamente a que tuerzas tu boca en reconocimiento y a suspirar de alivio. Una lectura obligatoria para todo desadaptado y malparido a quien la gracia de Dios haya capturado."

— RACHEL HELD EVANS, autora de *A Year of Biblica Womanhood* y *Searching for Sunday*

"Siempre me siento un tanto narcisista cuando elogio a escritores que piensan como yo, pero Nadia lo dice —y lo hace- mucho mejor, con mucho más humor, con ejemplos reales más sólidos ¡y con una convicción que te convence!"

— FR. RICHARD ROHR, O.F.M., -Center for Action and Contemplation, autor de *Falling Upward*.

"Si San Agustín regresara y viviera entre nosotros, él sería Bolz-Weber; y sus *Confesiones* se escribieran en la retórica del siglo XXI, serían este libro. *Santos accidentales* es lo que cada cristiano anhela que sea posible."

— PHYLLIS TICKLE, autora de *The Divine Hour* y *The Great Eemergence*

"Este nuevo libro de Nadia Bolz-Weber es más duro, más agudo y más dulce que *Pastrix*. En historias dolorosamente honestas, ella levanta el telón de la vida religiosa para mostrar cómo la iglesia —el cuerpo real, concreto y viviente de Dios- se va creando en nuestro alrededor. Este es un libro para todo aquel que ansíe ser hecho de nuevo."

— SARA MILES, autora de *Take This Bread* y *City of God*

"Esta es una colección de historias acerca de cómo la liturgia (¿se imaginan?), los ritos (¿qué?), la iglesia (¿en serio?), y un montón de gente defectuosa (¿así como uno?) pueden atrapar la luz de la gracia y prender la llama de la belleza de Dios. Por tantas buenas razones, debes realmente leer este libro."

— BRIAN D. MCLAREN, autor de *A New Kind of Christianity* y también de *A Generous Orthodoxy*

"Este libro me hizo sentir tan feliz de ser cristiana. Honesto y divertido, profundo e incisivo, *Santos accidentales* me desarmó y, justo cuando estaba en mi punto más vulnerable, las palabras de Nadia se metieron conmigo, bajo mis mantas, para armar su desorden en mí."

— SARAH BESSEY, autora de *Jesus Feminist* y *Out of Sorts*

"Estoy a kilómetros de distancia de Nadia Bolz-Weber teológicamente hablando, pero de lo que sí estoy seguro es que anhelaría tenerla en mi trinchera si me llego a ver en líos."

— ROD DREHER, The American Conservative, autor de *How Dante Can Save Your Life* y *The Little Way of Ruthie Leming*.

NADIA BOLZ-WEBER

SANTOS ACCIDENTALES

ENCONTRANDO A DIOS
EN LAS PERSONAS EQUIVOCADAS

*Para la gente de House for All Sinner and Saints.
Ustedes me hacen creer.*

Contenido

1. Galletas Santas 17
2. Absolución para Malparidos 27
3. Mis Bajezas por Su Supremacía 35
4. Vomitada por la Ballena en el Superdome 45
5. Tú No Eres "La Bendición" 55
6. Un Ladrón en la Noche 67
7. María, Madre de Nuestro Señor 77
8. La Matanza de los Santos Inocentes de la Escuela de Sandy Hook 85
9. Frances 97
10. Ataque de Pánico en Jericó 107
11. Salas 119
12. Invalidez 129
13. Pies Sucios 143
14. Los Perros del Viernes Santo 151
15. Viñetas de una Vigilia de Pascua 159
16. Fuegos de Carbón y Celdas 169

17	Judas Recibirá Ahora Tu Confesión	177
18	El Mejor Sentimiento de Mierda en el Mundo	187
19	Bienaventurados Sean	195

Una Nota a los Lectores 207

Reconocimientos 209

Preguntas para la Discusión 211

Una Conversación con la Autora 217

Regocijaos ahora, todos vosotros poderes celestiales!
¡Cantad, vosotros coros angelicales!
¡Prorrumpid en exultación, toda la creación en torno al trono de Dios! ¡Jesucristo ha resucitado!
Celebrad los misterios divinos con exultación;
    y por tan gran celebración, que suene la trompeta de salvación.

¡Regocíjate, oh tierra, en resplandeciente esplendor,
    radiante en el brillo de tu rey!
¡Cristo ha vencido! ¡La gloria te llena!
Las tinieblas han sido derrotadas por jarra siempre.

¡Regocíjate, oh iglesia! ¡Alégrate en gloria!
¡El Salvador resucitado brilla sobre ti!
Que este lugar retumbe en gozo,
    que le haga eco al poderoso canto de todo el pueblo de Dios.[1]

---

1. Tomado de "Exsultet", un antiguo himno cristiano que se canta como parte de la Vigilia de Pascua.

1

Galletas Santas

Casi desde el inicio mismo de la vida de nuestra iglesia *House for All Sinners and Saints (Casa Para Todos los Pecadores y Santos*, en lo sucesivo, *La Casa)*, comenzamos la tradición de hacer "galletas santas" en el domingo de Todos los Santos.[1]

Yo me había dado a la tarea de rastrear sin cansancio internet en busca de prácticas antiguas o extrañas que pudiéramos usar, y estoy segura de haber leído algo que describe cómo, en Finlandia o en un lugar así, la gente hace galletas santas con figuras en pan de jengibre de hombres y mujeres, que se reparten como parte de la celebración dominical de Todos los Santos. Juro que eso es lo que recuerdo.

Así fue que cuando estábamos construyendo nuestra iglesia desde cero, algunas personas se reunieron en mi cocina para hornear unos hombres y unas mujeres de pan de jengibre, como si eso fuera la gran idea original.

En cierto momento me di cuenta que nuestras pequeñas galletas marrones necesitaban, obviamente, sus aureolas. Pintamos, entonces, con esmalte amarillo brillante alrededor de la parte superior de cada cabeza redonda de cada hombre y mujer de jengibre (lo que los hacía lucir no tan santos sino más bien rubios).

"¿Qué les parece?" preguntó Victoria cuando llegó sosteniendo dos

---

1. La fiesta del 1 de noviembre, cuando la iglesia reconoce cuán tenue es el velo entre la vida y la muerte, y recuerda que la iglesia incluye a todos los que nos han precedido y que ahora han sido ya glorificados, y a todos los que seguirán, los que aún no han nacido. Tocamos una campana en memoria de cada ser querido que haya muerto desde el último domingo de Todos los Santos, y nosotros, los santos que todavía estamos en la tierra, honramos a todos aquellos, también llamados santos, que han pasado de esta vida a la venidera.

moldes extralargos de galletas. Ella siempre ha sido algo traviesa como para ser una trabajadora social. Creo que es por su pelo rojo. "Las galletas para mis santos tienen que ser especiales", se apresuró a explicar. Antes de que terminara la noche, Victoria lucía con orgullo dos galletas santas especiales que sobresalían unas cuantas pulgadas por encima de sus compañeros. Una era una mujer con llamas de rojo y amarillo que lamían su falda, acompañada de grandes ojos y una boca abierta que parecía sacada del show de Mr. Bill.

"¡Ja! Juana de Arco," adiviné correctamente. Junto a Juana estaba otro santo, pero este parecía lucir un traje de hombre de las cavernas que consistía en una pieza que colgaba de uno solo de sus hombros. Le faltaba la cabeza. "¿Pedro Picapiedra Mártir?" Me equivoqué al adivinar.

"Juan el Bautista", dijo con orgullo. Por supuesto, Victoria se ofreció para traer la canasta completa de galletas santas para repartir después de la liturgia el día siguiente. No es ninguna sorpresa si les digo que fue una muy buena manera de hacer un poco más liviana la liturgia, lo que de otra manera pudo haber sido pesada.

Lo que ahora sabemos es que las galletas santas no son una tradición en ningún lugar sino en *La Casa* –al menos no en ningún lugar que pudiera encontrar cuando más tarde volví al internet. Al parecer, sólo me soñé toda esa mierda de Finlandia y qué sé yo.

La canasta de galletas santas de Victoria estaba en el extremo de una larga serie de mesas con manteles blancos que alineaban la pared. Cada mesa estaba adornada con velas, caléndulas, y varios recuerdos de los muertos: los overoles en jeans o mezclilla ya desgastados del abuelo de alguien que había sido agricultor. Un ícono de María Magdalena. Un ícono del líder agrario estadounidense César Chávez. Una foto de un grupo de amigos de los años 80. Una manta infantil. Un altar que mi feligrés, Amy Clifford había hecho en memoria de Vincent van Gogh - una pequeña caja pintada inclinada sobre una de sus esquinas, su autorretrato pegado en el interior, y las orejas, a una de las cuales le faltaba una pieza, pegadas a los costados.

Aparte de los que han caído en combate, los estadounidenses tendemos a olvidar a nuestros antepasados, y pasamos el menor tiempo posible haciendo lamento público por ellos. Pero en la iglesia, hacemos esa rara proclamación de que los muertos siguen siendo parte de nosotros, parte de nuestras vidas, y que su presencia incluso trae ánimo a la iglesia. San Pablo describe los santos como "una gran nube de testigos," por lo que cuando ya no están con nosotros, los seguimos levantando, esperando tal vez que sus virtudes –su capacidad para tener fe en Dios ante un imperio opresivo o una cosecha fallida o el aguijón del cáncer– las podamos convertir en nuestras propias virtudes, en nuestra propia fuerza.

Mientras observaba la canasta de galletas santas alineadas junto a las fotos, santuarios y nombres simplemente escritos en fichas dispuestos con primor, pensaba en lo maravilloso que es que haya un día santo cuando honramos a los que nos precedieron. Fue entonces cuando *vi su nombre*. Hice una mueca, aunque fui yo quien, vacilante, lo había escrito: Alma White.

Un par de meses antes, había estado caminando por Sherman Street, en Denver, con mi feligrés Amy Clifford, una mujer apasionada, con espíritu artista, reflexiva, que había estado a mi lado ayudando a construir nuestra iglesia. En nuestro paseo ese día, observamos una especie de monumento conmemorativo de tamaño considerable, de aspecto extraño, en el patio de una iglesia al otro lado de la calle del edificio de gobierno del Estado de Colorado.

El techo de la Iglesia del Pilar de Fuego está coronado con las enormes letras color rosa KPOF que se iluminan en la noche, haciéndola lucir lo que realmente es: una iglesia pentecostal que a la vez alberga una estación de radio.

Entrecerré los ojos para leer la inscripción en la placa conmemorativa: "Alma White, fundadora de la Iglesia Pilar de Fuego, 1901". Dirigiéndome a Amy, dije: "¿Alma? Ese es el nombre de una mujer, ¿no? ¿Una mujer fundó una iglesia en Denver, en 1901?"

No sabía de muchas mujeres que se hubieran propuesto iniciar iglesias ellas solas, y mucho menos a comienzos del siglo XX, así que, desesperada como estaba por encontrar a alguien a quien pudiera elevar a la categoría de "héroe" y tener como un "modelo a seguir" (ya que yo también me había propuesto ser pastora de una iglesia naciente en Denver), saqué mi teléfono y googleé a Alma White. Mi entusiasmo por descubrir una heroína se incrementó cuando leí en Wikipedia "Alma Bridwell White (16 de junio de 1862 – 26 de junio de 1946) fue fundadora y obispa de la Iglesia Pilar de Fuego." *[¡Oh, Dios mío. Es cierto!]*. Seguí leyendo que en 1918, llegó a ser la primera mujer ordenada como Obispo en Estados Unidos. Se destacó por su feminismo *[¡Sí!]* y su asociación con *[espera, espera. . .]* el Ku Klux Klan, su anticatolicismo, antisemitismo, antipentecostalismo, racismo y hostilidad a los inmigrantes.*[¡Mierda!]*.

Al día siguiente llamé a mi amiga episcopal, Sara, para contarle la historia de cómo pensé que tenía una heroína solo para descubrir que ella era simplemente una racista terrible. ¿Cuál fue la respuesta de Sara? "Mándame un correo electrónico con su nombre. La voy a agregar a la Letanía de los Santos junto a todos los demás borrachitos de Dios".

Yo no quería el nombre de Alma White en la Letanía de los Santos. Su nombre sobre la mesa, iluminada por el cirio pascual [2], junto a los de San Francisco y César Chávez, no quedaba bien. Quiero que los racistas se queden en la caja "racista." Me pongo nerviosa cuando estos empiezan a colarse en la caja de "santo". Pero así es como funciona. En el domingo de Todos los Santos me encuentro con ambigüedades pegajosas en torno a santos que fueron malos y pecadores que fueron buenos.

Personalmente, creo que saber la diferencia entre un racista y un santo tiene su importancia. Pero cuando Jesús una y otra vez dice cosas como, el último será el primero y el primero será el último, y los pobres son benditos y los ricos son malditos, y las prostitutas son las grandes invitadas a la gran cena, me pregunto si nuestra necesidad de

---

2. Un cirio pascual es una vela grande que representa la luz de Cristo en el mundo. Tradicionalmente se enciende en la Vigilia de Pascua y luego se exhibe encendido en ocasiones especiales durante todo el año.

categorías bien demarcadas en blanco/negro no son tanto verdadera religión, sino más bien un pecado. Saber en qué categoría colocar la cicuta podría ayudarnos para saber si es segura para beber, pero saber en qué categoría colocarnos a nosotros mismos y a los demás, no nos ayuda a conocer a Dios de la manera en que la iglesia tan a menudo intenta convencernos de que lo hace.

De todas formas, ha sido mi experiencia que lo que nos hace los santos de Dios no es nuestra capacidad para ser santos, sino la capacidad de Dios para trabajar a través de los pecadores. El título "santo" siempre se confiere, nunca se gana. O como lo expresa el buen San Pablo: "Porque es Dios quien está trabajando en ustedes, habilitando tanto el querer como el hacer por su buena voluntad"(Filipenses 2:13). Me he dado cuenta de que todos los santos que he conocido han sido accidentales – personas que sin darse cuenta tropezaron con la redención como si estuvieran buscando algo más en ese momento, personas que tienen cierto problema con la bebida y logran permanecer sobrios y ayudarles a otros a hacer lo mismo, personas que son tan amables como hostiles.

Junto a Alma, en nuestra mesa de Todos los Santos, había un icono de otro santo accidental: Harvey Milk (la primera persona abiertamente gay elegida a un cargo público en California, quien fue asesinado, en 1978, por un colega suyo en el Concejo de su ciudad, al que habían sido elegidos). El ícono mostraba a Milk de pie frente al puente Golden Gate con cinco agujeros de bala de plata en su pecho y un halo dorado detrás de su cabeza. El icono fue creado por Bill, uno de los artistas que son miembros de nuestra congregación. Bill me llamó más tarde cuando alguien lo cuestionó por crear una representación visual de santidad para alguien que no era cristiano.

Yo le expliqué a Bill que lo que celebramos de los santos no es su piedad o perfección, sino el hecho de que creemos en un Dios que redime y hace santas las cosas de este mundo, a todas las cosas, a la humanidad, todo lo que en si es defectuoso.

Realmente lo creo. Y sin embargo, cuando colgué el teléfono, en todo lo que podía pensar era en lo difícil que es para mí creer que lo que es cierto tratándose de Alma White o Harvey Milk también podía ser cierto para mí; que tal vez Dios me puede usar a pesar del hecho de que yo, de muchas maneras, soy una desadaptada para el trabajo que hago.

Sin embargo, esa es mi experiencia. Sigo cometiendo errores, incluso los mismos; una y otra vez. Repetidamente intento (y fracaso) mantener a Dios y a mis compañeros a cierta distancia.

Digo no cuando debería decir que sí. Digo sí cuando debería decir no. Caigo dentro de momentos sagrados sin darme cuenta de ellos hasta que han terminado. Soy torpe en el amor y luego, accidentalmente, digo lo correcto en el momento adecuado sin siquiera darme cuenta, luego olvido lo que importa, luego muestro ternura cuando es necesario, y luego me doy la vuelta y pienso en mí misma con demasiada frecuencia.

Simplemente sigo siendo una persona en la que Dios está trabajando. Y, para serles honesta, ni siquiera ando buscando eso. Admiro a los que se meten en "prácticas espirituales", los que buscan una sensación de bienestar a través del yoga o la meditación o los tiempos tranquilos a solas, pero aparte de levantar pesas (¡son realmente pesadas!) cada mañana en mi gimnasio CrossFit, sinceramente no logro pensar cuáles son esas prácticas que me ayudan a ser más espiritual. *Puedo*, sin embargo, hablar sin cesar sobre la forma en la que una y otra vez me han echado de culo con la Biblia, las prácticas de la iglesia, y el pueblo de Dios. Es decir, con la religión.

Recientemente un joven seminarista me preguntó durante una sección de Preguntas y Respuestas: "Pastora Nadia, ¿qué hace usted personalmente para acercarse a Dios?"

Antes de que me diera cuenta de que lo estaba diciendo, respondí: "¿Qué? Nada. Tratar de acercarme a Dios suena como una idea horrible para mí". Desearía que Dios me dejara en paz la mitad del tiempo. Acercarse a Dios podría significar que me digan que debo amar a alguien que ni siquiera me gusta, o que regale incluso más dinero del que tengo. Podría significar que me sean arrancados alguna idea o sueño que me son queridos.

Mi espiritualidad es más activa, no en la meditación, sino en los momentos cuando:

> Me doy cuenta de que Dios pudo haber hecho algo hermoso
> a través de mí a pesar de que soy una imbécil,
> 	y cuando me enfrento a la misericordia del evangelio,
> al punto que no puedo odiar a mis enemigos,
> 	y cuando no soy capaz de juzgar el pecado de otra persona
> (algo que, seamos honestos, *me encanta* hacer) porque mi propia
> mierda se amontona demasiado en el camino,
> 	y cuando tengo que presenciar el sufrimiento
> de otro ser humano a pesar de mi deseo de que me dejen sola,
> 	y cuando alguien me perdona, aunque no lo merezca
> y mi perdonador lo hace porque él también está atrapado
> por el evangelio,
> 	y cuando pasan cosas traumáticas en el mundo y
> no tengo ningún lugar para colocarlas o darles sentido,
> pero *lo que sí* tengo es un grupo de personas que se reúnen conmigo cada semana,
> personas que lloran y oran conmigo por la devastación de algo
> así como un tiroteo en una escuela,
> 	y cuando termino transformada por amar a alguien
> a quien nunca habría elegido en un catálogo, pero a quien Dios
> me envió para enseñarme sobre el amor de Dios

Pero nada de lo anterior es el resultado de prácticas espirituales o disciplinas, por más admirables que ellas puedan ser. Se trata de cosas que nacen en una vida religiosa, en una vida ligada por el ritual y la comunidad, a partir de la repetición, del trabajo, de dar y recibir, del mandato de una gracia.

Esta es la forma que asume *La Casa*. Como dice Stephen, uno de mis feligreses: "Nuestro 'ministerio' es la Palabra y el Sacramento –todo lo demás fluye de allí. Vemos una necesidad, la llenamos. La cagamos, decimos lo siento. Pedimos gracia y oración cuando las necesitamos (mucho). Jesús se nos muestra a través del otro. Comemos, rezamos, cantamos, nos caemos, nos levantamos, repetimos. No es tan complicado".

Hay muchas razones para alejarse del cristianismo. No hay duda. Yo entiendo perfectamente por qué la gente toma esa decisión. El cristianismo ha sobrevivido unas abominaciones indescriptibles: las Cruzadas, los escándalos sexuales del clero, la corrupción papal, las estafas de los televangelistas y los ministerios payasos. Pero también nos va a sobrevivir a nosotros. Va a sobrevivir a nuestros errores y orgullo y exclusión de los demás. Creo que el poder del evangelio –aquello que hizo que los primeros discípulos abandonaran sus redes y se alejaran de todo lo que sabían hacer, lo que causó el regreso de María Magdalena a la tumba y luego a anunciar la resurrección de Cristo, aquello por lo que los primeros cristianos se martirizaron, y lo que me mantiene en los asuntos de Jesús (o, lo que Paul, mi amigo sacerdote episcopal, llama "trabajando para la empresa")– es algo que no puede ser asesinado. El poder de la misericordia ilimitada, de lo que llamamos el Evangelio, no puede ser destruido por la corrupción ni por telepredicadores que nos muestran sus dientes. Porque al final, Jesús permanece.

Y yo no podría sacudir a Jesús, aunque lo intentara. El evangelio, esta historia de un Dios que vino a nosotros a través de Jesús y que amó sin límites y que perdonó sin reservas y dijo que tenemos el poder de hacer lo mismo, no puede ser destruido por todos los errores estúpidos que van a leer en los capítulos que siguen. Todos esos errores, pecados y fallas son míos, pero quizás también sean *nuestros*. Y la redención es nuestra también. Porque si Alma White no puede destruir la Luz que brilla en medio de tanta oscuridad, tal vez nosotros tampoco podamos.

En esa mesa de Todos los Santos, entre la canasta de galletas santas y la tarjeta que muestra el nombre de Alma White, colocamos nuestra primera vela pascual, que habíamos comprado recientemente en una librería católica. Durante la vigilia de pascua y a lo largo del año siguiente la iríamos a usar para simbolizar la presencia de Cristo en medio nuestro.

Ese año, la vela era nueva y blanca; pero cada cirio pascual desde entonces ha sido creado por Victoria a partir de los restos fundidos de todas las velas utilizadas en los meses anteriores de liturgias, de modo que, como nuestra iglesia, la vela entre nosotros tiene muchas imperfecciones hermosas. La cera de abejas es lisa y dorada pero salpicada de pedacitos de escombros y mecha quemada. Como los restos quemados de nuestras propias historias que llevamos con nosotros, y como los fragmentos imperfectos de nuestra humanidad que traen textura al amor divino que también llevamos.

Nos fundimos y nos formamos en algo nuevo, pero los trozos quemados permanecen.

2

Absolución para Malparidos

Yo ya había terminado mi café negro, fuerte (mi preferido es el que se vende bajo el rótulo *Americano*), cuando Larry apareció para nuestra cita de café. Llegó unos minutos tarde, lo cual no fue gran cosa, pero esto significó que cuando nos sentamos en el sofá de cuero en la planta baja de mi cafetería favorita en Denver, yo ya no tenía una bebida para distraerme de la conversación que había estado temiendo.

"¡Este sitio es genial!", dijo, mirando a su alrededor el ambiente de burdel-citas-biblioteca del lugar. "Simplemente me demoré más de lo que esperaba para llegar aquí. ¡Pero me alegra haber llegado porque estoy *tan emocionado* de poder disfrutar un café contigo!"

"¡Yo también!" Mentí.

Yo no estaba emocionada. Lo que estaba era incómoda. Larry me había acorralado el domingo anterior, su primera vez en la iglesia. Había agarrado mi brazo, sus ojos vidriosos fijamente atentos en los míos por un tiempo incómodamente largo, y comenzó a hablar de cuánto le había gustado mi sermón en Red Rocks [1] y lo emocionado que estaba de saber que incluso podía venir a mi iglesia.

Luego habló mucho sobre Franklin Delano Roosevelt y el Partido Demócrata —dos de sus pasiones. No recuerdo mucho más de esa cita de café, aparte de que no tenía idea de qué decir.

---

1. Red Rocks es un anfiteatro natural en las estribaciones a las afueras de Denver donde se celebra el servicio de Resurrección al amanecer del Domingo de Pascua que convoca a las iglesias de la ciudad. Cerca de diez mil personas asisten cada año.

Nunca supe qué decirle a Larry. Se sentía como si estuviera en la iglesia porque pensó que podía conectarse conmigo, no porque estuviera esperando conectarse con Dios y con otras personas, y si bien es muy posible que me haya equivocado en cuanto a sus motivaciones, ese tipo de cosas me incomodan, sea cierto o no. Además, simplemente no me caía bien. Ni siquiera por alguna razón interesante: edad, género, punto de residencia, aliento, cintura bien conformada. Ya saben, toda esa mierda por la que la gente horrible juzga a la gente agradable y normal solo porque somos unos bastardos miserables. Así que mantuve a Larry a distancia como para nunca hacer algo que permitiera un asomo de conexión [de mi parte], no quería molestarme en ayudarlo a que él pudiera conectarse conmigo. Pronto podría ser demasiado tarde.

 ⁜

"¿Hola?" Caitlin contestó su teléfono. Gracias a Dios.

"¿Puedes recibirme para confesión y absolución? ¿Cómo; ahora?" Me hubiera gustado haber tenido uno de esos viejos teléfonos con cables para poder enrollarlo alrededor de mi mano. A veces, una persona inquieta puede transferir el temblor de su voz a sus dedos.

Caitlin y yo nos conocimos en el seminario. Ella también fue criada en la Iglesia de Cristo y descubrió el luteranismo más tarde en la vida en su proceso de llegar a ser pastora. Ahí es donde terminan las similitudes. Hace años, cuando ambas estábamos planeando las celebraciones de nuestros cuadragésimos cumpleaños -el mío una fiesta de *roller* disco en una pista que alquilé, y la de ella con un grupo de amigos cercanos viendo el amanecer en una colina que domina la ciudad- yo comenté que la diferencia en nuestras dos celebraciones de cumpleaños mostraba claramente la diferencia en nuestras personalidades. Ella tiene tantos rasgos encantadores en su personalidad que yo simplemente no poseo. Caitlin respondió: "Por supuesto que sí los tienes Nadia, simplemente no son tus rasgos favoritos".

Este tipo de cosas hacen de Caitlin mi "madre confesora". Ella me conoce. Realmente bien. Y ella no está impresionada con mi pecado. Yo le he contado cosas mías que no se las he contado a nadie más y, aún así, ella todavía quiere ser mi amiga. No porque Caitlin sea magnánima, sino porque ella cree en el poder del perdón y la gracia de Dios. Es posible que ustedes crean que eso es cierto de todos los clérigos y pastores, pero créanme cuando les digo que no es así.

"Un feligrés mío murió hoy", le dije, "y no puedo ir a consolar a su esposa hasta que confiese algo horrible".

"Ven…" dijo ella.

Una hora más tarde, cuando entré en su oficina, ella bromeó: "Espera. Tú no lo *mataste*, ¿verdad?".

No. Yo no había matado a Larry. Simplemente no había sido una muy buena pastora con ese tipo a pesar de que, a diferencia de mí, él era realmente agradable. Ahora, Larry había muerto y yo tenía que consolar a su viuda, y sabía muy bien que no podía estar presente en su pena si todo en lo que podía pensar era la estupidez que le había hecho recientemente, lo cual no había sido nada agradable.

Era algo que nadie sabía que yo había hecho, pero que simplemente tenía que confesar y de lo que tenía que ser absuelta: a propósito yo no había incluido la dirección de correo electrónico de Larry para que no le llegara el correo masivo que envié recordando a la congregación que se registrara para el retiro de primavera. ¡En serio! ¿Quién hace una cosa así? Desde entonces eso me pesaba, aunque en el gran esquema de crimen y traición, se trataba, en el peor de los casos, de un delito menor.

Está la horrible sensación que tienes cuando alguien que amas ha sido diagnosticado con un tumor cerebral y también está la horrible sensación cuando alguien de quien has pensado mal, alguien que es un tipo realmente genial (aunque eres una desadaptada social y trataste de asegurarte de que él no iba a venir con sus pantalones-reveladores-de-ropa-interior y su halitosis al retiro de la iglesia), ha sido diagnosticado con un tumor cerebral. Era algo que pesaba sobre mi conciencia, algo de lo que me avergonzaría si alguien más lo supiera. En realidad estaba bastante avergonzada de que yo fuera la única que lo sabía. Pero todos escondemos cosas para nosotros mismos -esa vez que azotamos a nuestro hijo demasiado fuerte, las veces que tenemos que borrar nuestro historial del navegador, el momento en que mentimos sobre nosotros mismos para conseguir un trabajo, los tiempos en los que coqueteamos en línea con personas que no son nuestros cónyuges. Sea lo que fuere, todos llevamos secretos. Como dicen los fumadores en serie en mi programa de doce pasos: "¡Amigo! Sólo estás tan enfermo como tus secretos". Así que tenía que contarle a Caitlin mi pecado contra Larry antes de que pudiera, con la conciencia limpia, ir a consolar a su esposa.

Bien. Pero había otra cosa que le había hecho a Larry. Apenas vale la pena mencionarlo...

Una semana después de que Larry recibió su diagnóstico de tumor cerebral me envió un correo electrónico en el que me contaba que él y su novia tenían miedo que él muriera y querían casarse la semana siguiente, y que si "¿tendría yo a bien celebrar su boda?" Afortunadamente, tenía ya una coartada. Como le expliqué a Caitlin en su oficina, mi política siempre ha sido que los contrayentes pasen por una serie de sesiones de asesoramiento prematrimonial antes de que yo pueda oficiar la boda de alguien, así que dije que lo sentía mucho pero que no podía. Al final consiguieron un chamán que era amigo de la prometida para oficiar la ceremonia.

Pero el hecho es que si Jim y Stuart, mis feligreses de vieja data, o alguna otra pareja que amo, se hubiera enfermado gravemente y quisieran casarse, yo lo habría hecho de inmediato. Simplemente yo no quería oficiar esta boda. Así que les di la excusa sobre el asesoramiento prematrimonial e incluso conseguí que mi obispo también firmara. (Yo le envié un correo preguntándole si pensaba que una boda de rutina médica expedita sería algo que yo debía hacer y me dijo que probablemente no).

Caitlin amablemente me escuchó. Yo continué hundiéndome más en mi relato.

Por supuesto, esconderse detrás de una excusa más "legítima" que "no tengo ganas de hacerlo" no es exactamente una mentira, fue lo que admití, pero eso no borra la verdad. Eso es algo que todo el mundo hace. Inventamos excusas para evadir compromisos, o culpamos a otras personas por el hecho de que no podemos llegar. Pero a veces creamos pantallas de humo para desviar la atención de la verdad de nuestras propias decisiones y defectos. A menudo incluso nos engañamos a nosotros mismos con estas excusas, pero hay ocasiones en que la verdad no nos deja ir. Claro, yo puedo evitar el escrutinio de otras personas contándole mi lado tonto de la historia una y otra vez a cualquiera que lo escuche. Pero yo sé la verdad. Y a veces ella me atrapa por la noche cuando me acuesto –justo en ese lugar en el que no estoy del todo despierta pero tampoco del todo dormida. En esos momentos, mi ego se apaga, quizás por única vez en todo el día. En ese estado de conciencia-menos-ego, la verdad pelea más allá de las capas de comida y entretenimiento y todas las otras distracciones que les pongo encima y, sin ser vista, se arrastra de regreso hasta ocupar mis pensamientos.

"¿Todos tienen estos momentos?" Me pregunté en voz alta ante Caitlin. Quizás algunos sienten que sus errores en la vida no son lo suficientemente malos como para preocuparse, o tal vez hayan construido suficientes capas protectoras alrededor de su ego al punto que evitan por completo, con éxito, sentirse avergonzados por sus secretos. Pero al igual que el personaje de Matt Damon en la película "En busca del destino" (también conocida como "El indomable Will Hunting" y "Mente indomable"), si fueran confrontados con una gracia ilimitada y repetitiva, así como la que el consejero interpretado por Robin Williams le ofreció a Hunting, ellos poco a poco se quebrarían. No porque deban quebrantarse, sino porque todos lo hacemos. ¿No es así? Porque todos estamos agobiados por las cosas feas que hemos hecho y seguimos haciendo.

Y para mí, con todo y el aislamiento protector que mi ego me pueda proporcionar durante mis horas de vigilia, se apaga cuando estoy a punto de dormirme, y es entonces cuando las verdades más feas se abren paso hacia la superficie. Curiosamente, es en estos tiempos en los que me siento más cerca a Dios. No cuando estoy en la cima de una montaña, sino cuando estoy acostada, medio dormida, sintiéndome indefensa.

Pero tan pronto como mi ego se vuelve a conectar, se termina el juego. Puedo tomar el control a partir de allí.

En retrospectiva, puedo decir que tal vez mi pecado hacia Larry no está a la altura de malversación de diezmos o copular con el director del coro, pero si alguien viene a tu iglesia y te inventas excusas para no servirlos con gracia y amor, eso sigue siendo despreciable. Y el hecho de que yo "aprendí" de todo esto y que no he vuelto a hacer ese tipo de cosas desde entonces no es compensación alguna, porque estoy segura de que si tuviera un minuto, podría hacer otras cosas en lugar de las que les confieso. Lo que significa que estoy en necesidad perpetua de gracia.

En silencio, Caitlin absorbió mi relato. Bebió un trago de su agua, luego tomó mi mano y dijo: "Nadia, Jesús murió por nuestros pecados. Incluso ese".

Incluso ese. Incluso todos.

Se siente como algo extraño y abstracto decir "Jesús murió por tus pecados". ¡Y yo, que he desperdiciado un montón de tinta argumentando en contra de la noción de que Dios tuvo que matar a Jesús porque éramos malos! Pero cuando Caitlin dijo que Jesús murió por nuestros pecados, incluido ese, se me recordó de nuevo que no hay nada que hayamos hecho que Dios no pueda redimir. Pequeñas traiciones, grandes infracciones, infracciones menores. Todo.

Algunos dirán que antes que la cruz se trate acerca de Jesús tomando nuestro lugar para recibir las nalgadas que realmente necesitábamos recibir de parte de Dios por nuestra propia maldad (el término teológico elegante para esto es expiación sustitutiva), lo que sucede en la cruz es un "intercambio bendito". Dios reúne a todos nuestros pecados, toda nuestra basura de culo rotos, en el propio ser de Dios y transforma toda esa muerte en vida. Jesús toma nuestra mierda y nos la intercambia por bienestar.

El intercambio bendito (y no la expiación sustitutiva) siempre ha tenido mucho más sentido para mí como idea. Pero a veces las ideas se hacen realidad, como cuando sucedió un intercambio bendito en el patio trasero de la casa de Larry después que di una breve homilía en su ceremonia conmemorativa.

☦

Ojalá pudiera decir que, después de la absolución que Caitlin me proclamó fui liberada totalmente de cualquier carga de conciencia, pero eso no es completamente cierto. No sucedió totalmente sino hasta cuando una señora blanca de edad mediana se me acercó y preguntó: "Tú eres Nadia, ¿verdad?"

Ella tomó mis manos y me miró sorprendida. "Yo quería agradecerte por tener una iglesia donde Larry se sintió tan bienvenido. Él habló tan bien de usted y de su congregación, y sé que teniéndola a usted como su pastora significó mucho para él en sus últimos meses."

Allí estaba ocurriendo. Un intercambio bendecido. Mi mierda por la misericordia de Jesús.

Nunca conoceré a Larry. Nunca sabré lo que es amarlo, verlo, saber cuál fue la fuente de su ternura hacia su esposa ni de dónde sacó fuerzas en sus últimos días. Todo eso está perdido para mí. Pero por alguna razón nuestra congregación era un lugar de consuelo para él.

A veces Dios necesita que se hagan algunas cosas, aunque yo pueda ser una verdadera malparida. No hubo absolutamente ninguna justicia en el hecho de que Larry me amó a mí y a esa iglesia. Pero si yo recibiera en esta vida lo que merezco estaría realmente jodida. Así que, en cambio, yo recibo esa gracia como lo que es: un regalo.

3

Mis Bajezas por Su Supremacía

"Pues bien, *amiga*, ¿quieres ir al club de tiro conmigo?" me preguntó Clayton. Sus ojos de color marrón claro se iluminaron maliciosamente. Estábamos haciendo ejercicios de estiramiento antes de la sesión de *CrossFit* que Clayton dirige cuando dije que recientemente me había dado cuenta que él era mi "amigo conservador de muestra", así como algunas personas tienen un "amigo negro de muestra" para aparentar que son incluyentes. Su respuesta fue invitarme -¡imagínense!- a una práctica de tiro.

Me estiré hasta alcanzar los dedos de mis pies mientras mi yo interno, liberal, defensor del control de armas, de manera inmediata y alegremente respondió: "¿En serio? Por supuesto que sí". Porque las diferencias políticas nunca deben, en lo posible, interponerse en el camino de la diversión.

Qué iba yo a saber que esta sería una de varias experiencias durante lo que resultó ser la semana de la absolución de George Zimmerman que haría prácticamente imposible para mí alegar la indignación liberal y supremacía moral que más tarde hubiera querido haber mantenido, ya que la vida y sus ambigüedades a veces ponen nuestros ideales en crisis.

✢

Unos días después de su oferta vi el corto y musculoso cuerpo de Clayton caminando hasta la puerta de mi casa con una bolsa negra pesada. Venía para darme una rápida lección de manejo seguro de armas antes de que fuéramos al campo de práctica de tiro. En realidad yo nunca había sostenido una pistola en toda mi vida. Clayton es texano, republicano y un entusiasta defensor de la Segunda Enmienda.[1] Pero puesto que Clayton tiene un título de Texas A&M y ha vivido parte de su vida en Arabia Saudita, donde su padre era petrolero, se describe a sí mismo como un "redneck –campesino blanco- bien educado que ha viajado bastante".

"Hay cuatro cosas que debes saber", dijo Clayton, comenzando así mi primera lección de manejo seguro de armas. "Primera, asume siempre que cada arma que agarres está cargada. Segunda, nunca apuntes con un arma a algo que no pretendas destruir. Tercera, mantén el dedo fuera del gatillo hasta que estés lista para abrir fuego. Cuarta, conoce tu objetivo y lo que está más allá de él. Un arma es básicamente un pisapapeles. Ellas -afirmó- sólo son peligrosas si la gente no sigue esas reglas".

No estoy segura de cuáles son las estadísticas de muertes ocasionadas por pisapapeles en forma de pistola, pensé, pero con toda seguridad voy a averiguar ese dato.

"Está bien, ¿lista?" Clayton preguntó.

"No tengo idea", le contesté.

Clayton puso una pistola negra mate y una caja de municiones sobre la mesa de la cocina. Lucía tan ilícita como si acabara de colocar un kilo de cocaína o una pila de revistas *Hustler* en la misma superficie donde oramos y comemos como familia.

Traté de hacer algunas preguntas inteligentes. "¿Qué tipo de arma es esta?"

"Es una 40". Como si yo tuviera alguna idea de qué demonios significaba eso.

"¿Qué es una 9mm? He oído mucho sobre eso".

"Es esto", y se levantó la camisa para mostrar su pistola oculta.

"¡Ay, hombre! ¿Tú no llevas esa cosa todo el tiempo, verdad?"

---

[1]. La Segunda Enmienda de la Constitución de Estados Unidos protege el derecho del pueblo estadounidense a poseer y portar armas para defensa personal (Nota del traductor).

Clayton sonrió. "Si no ando en pantaloneta de gimnasio o en pijamas, sí".

Más tarde, en el estacionamiento del campo de tiro, lleno casi exclusivamente de camionetas tipo *pickup*, hice la observación astuta "ningún parachoques luce stickers de Obama".

"Qué raro, ¿eh?" bromeó.

Cuando estoy en algún lugar informal, digamos una vieja catedral o una heladería *hipster*, suelo revisar mi Facebook. Pero no aquí. En parte porque era lunes por la mañana y Clayton había registrado nuestra divertida cita de tiro como una "reunión de trabajo", pero también porque no quería una avalancha de mierda por parte de mis amigos o feligreses —casi todos los cuales son liberales- preguntándome si había perdido la cabeza o si simplemente los *rednecks* me habían secuestrado.

Cuando entramos al campo de tiro propiamente, su piso de goma alfombrado por las vainillas ya vacías de las balas que otros ya habían disparado antes, era consciente de varios puntos importantes: uno, nuestras armas estaban cargadas y destinadas a destruir el objetivo de papel en frente de nosotros; dos, debería poner mi dedo en el gatillo solo cuando tuviera la intención de disparar; tres, una pared de goma y hormigón estaba detrás de mi objetivo; y cuatro, yo estaba sudando.

Me di cuenta por los disparos a mi alrededor que las armas hacían ruido. Sabía, por las películas, que había un culatazo cada vez que se disparaba un arma. Pero, ¡Dios mío! no estaba preparada para lo ruidoso y agitado que puede ser disparar una pistola. O cuán divertido.

Disparamos por aproximadamente una hora, y después que terminamos, Clayton me dijo que yo lo había hecho bastante bien para ser la primera vez (excepto cuando una vainilla caliente bajó por mi camisa y me sacudí sin prestar mucha atención a lo que hacía y él tuvo que agarrarme y girar el arma cargada en mi mano hacia el objetivo. Me hizo sentir como una tonta, una tonta peligrosa).

Pero me encantó. Lo disfruté tanto como disfruto la montaña rusa y montar una motocicleta: no es algo que quiera en mi vida todo el tiempo, sino una actividad que es divertida si se hace de vez en cuando y que me hace sentir como si estuviera viva y fuera un poco letal.

"¿Podemos ir a practicar tiro al disco la próxima vez?" Pregunté con entusiasmo mientras regresábamos a recoger nuestros documentos de identidad al área de recepción decorada como aventura de cacería. El ambiente de toda la tienda parecía un escondite de cazadores. Como si algo peligroso o apetitoso pudiera entrar por la puerta principal, todos los chicos, llenos de acné, que trabajaban allí podrían matarlo sin peligro de ser descubiertos.

En el camino de regreso a mi casa, sugerí que fuéramos a comer pupusas (tortas de maíz salvadoreñas rellenas) y que así ambos podríamos tener una experiencia inusual para un lunes.

Sentada en uno de los cinco taburetes junto a la ventana de Tacos Acapulco —mirando hacia los establecimientos de cambio de cheques y panaderías mexicanas que salpican la Avenida Colfax- aproveché para hacer la pregunta que me quemaba: "¿Por qué demonios quieres llevar un arma todo el tiempo?" Nunca antes había estado, sabiéndolo, tan cerca de un portador de armas y sentí que era mi oportunidad para preguntar algo que siempre quise saber. Yo solo podía esperar que mi pregunta no lo hiciera sentir como se siente nuestra amiga negra Shayla cuando la gente le pide que los deje tocar su afro.

Mientras Clayton intentaba manejar con su tenedor el queso derretido que no se despegaba de la pupusa, dijo: "Autodefensa, y orgullo por mi país. Tenemos este derecho, por lo que deberíamos ejercitarlo. Además, si alguien intentara lastimarnos mientras estamos aquí sentados yo podría derribarlos".

Su visión del mundo era extraña para mí, esa visión de que hay gente que va por la vida tan atenta a la posibilidad de que alguien intenta herirlos, y que, como respuesta, pueden amarrarse un arma al cuerpo mientras van por ahí a través de Denver. No la entendí, ni siquiera la aprobé. Pero Clayton es mi amigo conservador de muestra, y lo quiero, y él se tomó la molestia de llevarme al campo de tiro, entonces lo dejé así.

✢

La semana que fui al campo de práctica de tiro con Clayton fue también la del cumpleaños número 70 de mi madre y del número 50 de mi hermana. La celebración fue una cena temática: asesinato misterioso, así que, cinco noches después de apuntarle a blancos de papel con Clayton en el campo de tiro, me senté en el patio trasero en la casa suburbana de mis padres en Denver haciéndome pasar por una enóloga hippie, todo por el bien de un drama artificial. Normalmente, mi misantropía natural me prevendría de participar en esas tonterías tan incómodas, pero pronto recordé las muchas veces que me había vestido apropiadamente y voluntariamente me había prestado para jugar papeles en otros dramas artificiales que no involucraban una cena suntuosa ni compañía civilizada (como el año en que intenté ser un *Deadhead* [2]), así que me fui a la cena del crimen misterioso por el bien de dos mujeres que amo. El papel que yo iría a representar exigía una falda suelta, una blusa campesina y flores en mi cabello –ninguna de las cuales poseo ni podría soportar jamás, así que un camisón y un montón de cuentas y pepas tendrían que hacer el truco.

A lo largo de toda la noche, finalmente agradable, vi a mamá susurrándole a mi hermano tal como lo hacía cuando éramos niños y ella quería decirle a papá algo que no quería que nosotros supiéramos. Vi a mi madre, sin saber que un drama real se desplegaba alrededor de los bordes de nuestra ficción, que pedía flores en mi -también ficticio- corte de cabello estilo Mahawk.

Mientras me escabullí a la cocina para ver si había mensajes en mi teléfono, mi papá me siguió para informarme lo que estaba pasando. Resulta que los susurros y corridas de voz de mi madre eran sobre algo serio. Mi mamá había estado recibiendo amenazas de una mujer desequilibrada (y supuestamente armada) que estaba culpándola de una pérdida que había experimentado. Mi mamá no tenía nada que ver con

---

2. Persona que se vale de un boleto gratis para admisión a un espectáculo, alojamiento en un hotel o entretenimiento. *(Nota del traductor).*

esa pérdida, pero eso no detuvo a esta mujer quien se fijó en ella como la única culpable. Y ella sabía a qué iglesia iba mi mamá los domingos.

"Se ha puesto bastante tenso ir a la iglesia", me dijo mi padre.

Mi hermano mayor Gary, que es guardián en una prisión federal y que, junto con su esposa y sus tres hijos, asiste a la misma iglesia que mis padres, entró también a la cocina y dijo: "Qué horrible, ¿verdad? Las últimas tres semanas yo he llevado un arma oculta a la iglesia en caso de que ella aparezca e intente algo".

Inmediatamente pensé en Clayton y su, hasta ese momento, cosmovisión extraña, sopesándola con lo bien que ahora me sentía instintivamente de que mi hermano fuera capaz de reaccionar si una loca intentara herir a nuestra madre. Y cómo, al mismo tiempo, sentía como una locura que me alegrara de que alguien llevara una pistola a la iglesia. Pero eso es lo que pasa con mis valores -tienden a chocar contra la realidad, y cuando eso sucede, es posible que tenga que tirarlos por la ventana. Es eso, o ignorar la realidad. En mi caso, la mayoría de las veces, son los valores los que se van.

Mi reacción visceral a mi hermano portador de armas me perturbó, pero no tanto en ese momento como lo haría a la mañana siguiente.

༺✥༻

En la noche de la fiesta me perdí las últimas noticias acerca de George Zimmerman, quien disparó y mató al adolescente desarmado Trayvon Martin, y quien fue declarado inocente de todos los cargos. Durante más de un año el caso mantuvo encendido un feroz debate sobre el racismo y la disposición legal *Stand Your Ground*, de Florida, que permite el uso de la fuerza violenta si alguien cree que su vida está siendo amenazada.

Mi bitácora de Facebook ardía de protestas, indignación y alaridos. Yo quería unirme y actuar como una voz a favor de la no violencia esa semana, pero cuando escuché por la cadena pública NPR que el hermano de George Zimmerman estaba diciendo que él no aceptaba la idea de que Trayvon Martin estuviera desarmado porque el arma de Martin era la acera en la que George se rompió la nariz, mi primera reacción no fue la de la noviolencia, sino una necesidad abrumadora de alcanzarlo a través de la radio y asestarle a ese hombre un bien armado puñetazo en la garganta.

Aún más, esa misma semana, un oficial de rango federal iba a llevar un arma oculta a la iglesia de mi madre, ese y todos los domingos. Lo cual es una locura y algo contra lo que normalmente me gustaría publicar una perorata en mi muro de Facebook para que todos los liberales como yo le dieran su respectivo "*like*". Solo que en este caso, ese oficial federal particular (a) era mi hermano, y (b) portaba esa arma para proteger a su (mi) familia, a su (mi) madre, de una loca que la quería muerta. Cuando oí que mi hermano estaba armado para proteger a mi propia madre, no me alarmé como lo haría una pastora decente y buena protectora del control de armas. Me sentía aliviada. Y ahora, ¿qué diablos publico en Facebook? ¿Qué hago con eso?

También tuve que lidiar con el hecho de que simplemente no podía expresar el nivel de indignación antirracista como quería, sabiendo algo que nadie sabría a menos que lo dijera en voz alta: a pesar de mis persuasiones políticas y mi liberalismo, cada vez que un grupo de jóvenes negros en mi barrio pasan caminando, la reacción de mis tripas es mantenerme alerta lo que no sucede cuando los hombres son blancos. Odio eso de mí misma, pero si dijera que no hay racismo residual en mí, racismo del que -después de 44 años de reforzamiento a través de mensajes en los medios y la cultura que me rodea- no sé cómo escapar, estaría mintiendo. Y eso que yo tengo un sticker en el parachoques con el lema "eracism"[3].

La mañana después del veredicto de George Zimmerman, mientras reflexionaba sobre qué decirle a mi iglesia al respecto, quería ser una voz a favor de la noviolencia, del antirracismo y del control de armas

---

[3]. Juego de palabras a partir del original (*eracism* = *erase* (borrar) + *racism* (racismo – o también *end* + *racism*); remoción de la creencia de que una raza es superior a otra; una organización dedicada a la eliminación del racismo. (*Nota del traductor*)

como sentí que debía ser (o como vi que la gente en Twitter exigía: "Si tu pastor no predica sobre el control a las armas de fuego, y contra el racismo esta semana, búscate otra iglesia"), todo lo que pude hacer fue estar de pie en mi cocina y llorar. Llorar por todas mis inconsistencias. Por mi feligrés y madre de dos hijos, Andrea Gutiérrez, quien me dijo que las madres de niños de piel oscura y negra sienten ahora que sus hijos pueden convertirse legítimamente en blancos de tiro en las calles de los suburbios. Por una nación dividida: cada lado odiando al otro. Por todas las formas en las que con mi silencio perpetúo las cosas que yo misma critico. Por las amenazas de muerte hacia mi familia y las amenazas de muerte hacia la familia Zimmerman. Por Tracy Martin y Sybrina Fulton, cuyo hijo, Trayvon, fue asesinado a tiros, y a quienes se les dijo que era más culpa suya que la del tirador.

Momentos después de escuchar acerca de la absolución, salí a caminar con mi perro y llamé a Duffy, una feligresa particularmente reflexiva. "Estoy realmente en la mierda con todo esto", le dije, procediendo a detallar todas las razones que, a pesar de cuan fuerte me siento en estos asuntos, no puedo con ninguna integridad sobre "*resistir en mi propio terreno*", hacer valer mi propia postura contra la violencia y el racismo – no porque ya no crea en defender esas cosas (las defiendo), sino porque en mi propia vida y en mi propio corazón hay demasiada ambigüedad. Hay violencia y noviolencia en mí y, sin embargo, no creo en ambas. Ella dijo que tal vez otros puedan estar sintiendo lo mismo y que tal vez lo que pueden necesitar de su pastora no es tanto la indignación moral y las quejas que ya estaban viendo en Facebook, sino que tal vez solo necesitan que yo confiese mis propias inconsistencias agobiantes para que ellos reconozcan su propias incoherencias.

Me pareció que Duffy me estaba dando una idea horrible, pero sabía que ella tenía razón.

Muy a menudo, en la iglesia, ser un pastor o un "líder espiritual" significa ser ejemplo de "vida piadosa". Se supone que un pastor es la persona que es realmente buena en este tema del cristianismo: la persona a la que otros pueden ver como un ejemplo de justicia. Pero tanto como ser la persona que es la mejor cristiana, alguien que "sigue a Jesús" lo más cercanamente posible puede no ser tan seductor, simplemente porque eso corresponde a lo que nunca he sido ni es lo que mis feligreses necesitan que yo sea. No estoy corriendo detrás de Jesús. Jesús me está arrastrando por el culo calle abajo. Sí, soy una lideresa, pero los estoy llevando a la calle a que el autobús de la confesión y la absolución, del pecado y la santidad, de la muerte y la resurrección los atropelle –esto es, el evangelio de Jesucristo. Soy una lideresa, pero solo si digo: "¡Que se jodan! Allá voy, yo soy la primera".

Me paré al día siguiente bajo la luz cobriza de la puesta del sol en la sala parroquial donde los de *La Casa* se reúnen y les hice a todos los de mi congregación mi confesión. Les dije que había un millón de razones por las que yo quisiera ser la voz profética para el cambio, pero que cada vez que lo había intentado, había sido confrontada por mi propia mierda. Les dije que no estaba calificada para ser un ejemplo de nada, solo para necesitar a Jesús.

Esa noche admití ante mi congregación que tenía algo que reparar en mi indignación, que se siente bien por un tiempo, pero que así como comer palomitas de maíz acarameladas es delicioso por tan solo un rato breve, sabemos que no son más que calorías nocivas. Mi indignación se siente vacía porque aquello por lo cual estoy realmente desesperada es por confesar la verdad de mi carga de pecado y que Jesús me la quite. Sin embargo, despotricar contra el sistema o contra otras personas siempre será mi distracción alternativa. Porque tal vez si yo muestro el nivel correcto de indignación, podré compensar el hecho de que todos los días de mi vida me he beneficiado del mismo sistema que absolvió a George Zimmerman. Mis opiniones me hacen sentir bien hasta que me precipito desde las alturas a las que me lleva mi adicción a esos azúcares y me doy cuenta que sigo estando enferma y hambrienta de una muestra de misericordia.

La primera vez que me pidieron dar una conferencia sobre "la predicación" en el *Festival de Homilética*, una conferencia nacional para predicadores; los organizadores querían que yo diera una charla sobre cómo es la predicación en *La Casa*. No estaba segura de lo que podría decir, así que le pregunté a mi congregación. Había pasión en sus respuestas, y nada de eso tenía que ver con cuánto aprecian a su predicadora siendo ella un modelo tan sorprendente para ellos. Nadie dijo que apreciaba todas las aplicaciones a la vida real que reciben de sermones sobre cómo tener un matrimonio más victorioso. Casi todos dijeron que les encanta que su predicadora obviamente se predica a sí misma, solo permitiéndoles escucharla.

Mi amigo Tullian lo expresó de esta manera: "Los más calificados para hablar del evangelio son aquellos que realmente saben cuán descalificados están para hablar del evangelio".

Jesús nunca escudriñó el salón en busca del mejor ejemplo de santidad para luego enviar a esa persona a hablarles a otros sobre él. Jesús siempre envió pecadores que tropezaban. Para mí, eso es reconfortante.

4

Vomitada por la Ballena en el Superdome [1]

La palabra del Señor vino a Jonás hijo de Amitay: «Anda, ve a la gran ciudad de Nínive y proclama contra ella que su maldad ha llegado hasta mi presencia». Jonás se fue, pero en dirección a Tarsis, para huir del Señor. Bajó a Jope, donde encontró un barco que zarpaba rumbo a Tarsis. Pagó su pasaje y se embarcó con los que iban a esa ciudad, huyendo así del Señor.

- JONÁS 1:1-3

Cuando la denominación luterana de la que formamos parte me invitó a hablar frente a 30.000 adolescentes y adultos en su Encuentro Nacional de Jóvenes de 2012 en Nueva Orleans, dije que no, que gracias. Nunca he visto a los adolescentes como mi público, y estoy muy segura de que los adolescentes tampoco van a creer que yo sea genial. Las personas de mediana edad se imaginan que los adolescentes piensan que soy genial, pero eso es diferente. Sí, la verdad es que ni luzco ni me comporto como la mayoría de las mujeres respetables de cuarenta y cinco años, aunque es probable que parezca *cool*, pero solo a las personas mayores que yo. Lo sé, y por eso dije que no,

---

1. Coliseo cubierto con capacidad para 74.295 espectadores ubicado en Nueva Orleans, Louisiana. *(Nota del traductor)*

que gracias. Dos veces.

Además, no tengo un "corazón para los jóvenes". Algunas personas, como mi esposo y mi amiga Kristen, aman a los niños. Pero yo simplemente preferiría no pasar el tiempo con adolescentes (aparte de los míos, a quienes adoro y me hacen reír y que son increíbles), y preferiría no estar frente a decenas de miles de ellos. Si yo fuera Jonás, los eventos juveniles serían mi Nínive. Quiero ser conferencista sólo en Tarsis.

Los organizadores del congreso juvenil me respondieron por correo electrónico: "Oh, no, Nadia, nunca tenemos a personas del ministerio juvenil como oradores en el escenario principal de estos eventos. Hemos tenido a figuras del deporte, a héroes de CNN, a Desmond Tutu..." Lo que me hizo pensar, *¿Desmond Tutu? Oh, sí, siempre sigo líneas justo como las de ese tipo,* pero en cambio respondí: "Me están convenciendo exactamente de que no soy la persona adecuada".

Volvieron con un: "Bueno, en realidad lo que queremos es que la primera noche de la reunión comience con una buena dosis de vieja teología luterana. Rara vez tenemos luteranos reales en el escenario principal, y queremos que los chicos comiencen este evento viendo una imagen diferente de cómo luce un luterano, y con un fuerte mensaje de gracia".

Lo inevitable. La Oficina de Turismo de Nínive estaba ganando. Dije que sí.

Unos meses después de aceptar la invitación, descubrí que no todos me querían allí. Tampoco estaban tan contentos que Andrena Ingram, una pastora luterana afroamericana que es portadora del VIH y una adicta en recuperación, hubiera sido invitada a hablar. Aparentemente, miles de padres habían sido advertidos de que sus hijos estarían expuestos a ideas peligrosas de mujeres escandalosas si los organizadores no retiraban las invitaciones que nos habían hecho. Por supuesto, si nadie se hubiera expuesto a las ideas peligrosas de mujeres escandalosas, el cristianismo en sí mismo no habría tenido su comienzo tan peculiar ni su gloriosa historia, pero... *whatever* (como sea), como suelen decir los adolescentes.

Aunque sentí que los jóvenes de la iglesia luterana estaban bastante protegidos al cuidado de las pastoras Ingram y Bolz-Weber, esta reacción no disipó propiamente mis dudas acerca de hablar en un evento juvenil nacional. Al principio me enojé. Mientras trataba de escribir mi charla, me distraje pensando en la forma en la que podría insertar algún tipo de comentario pasivo-agresivo sobre cuán ridículas son algunas personas por pensar que mi pasado y mi estilo personal son, de alguna manera, peligrosos para la juventud de hoy. Ya me habían pedido que no dijera malas palabras delante de los chicos, como si estos adolescentes nunca hubieran escuchado antes la palabra *mierda* y fueran a quedar marcados de manera irreparable si se enteraran de que una pastora, en un evento juvenil, las dice. Pero, ya saben cómo son esas cosas. Así que, relajémonos.

La noche antes de salir para Nueva Orleans me senté en la sala de mi casa con mi esposo, Matthew, un pastor que tiene mucha experiencia en el trabajo con jóvenes; mi joven hijo, Judah; y Harper, mi hija adolescente. Puesto que necesitaba ganar un poco más de confianza les pregunté si tenían algún comentario que hacerme sobre cómo planeaba introducir mi charla.

Recité las líneas iniciales: "Algunas personas no creen que yo parezca ser muy luterana por los tatuajes, pero luego les muestro que tengo todo el año litúrgico grabado en mi brazo izquierdo, desde Adviento hasta Pentecostés. Es como, *hey*... ¡qué más luterano que eso!"

Todos me miraron en silencio hasta que supe que solo el perro de la familia estaba de mi lado.

"Los adolescentes no creen que eso sea gracioso", dijo Matthew, "y es posible que ni siquiera sepan de qué estás hablando".

A lo que nuestra hija agregó: "Sí, eso es un poco tonto". (De acuerdo, tal vez no adoro tanto a mis propios adolescentes).

Fruncí el ceño, agarré la correa del perro y me dirigí a la puerta para sacarlo a caminar, pero en realidad lo que buscaba principalmente era aclarar mi mente y llamar a amigos que sabían mucho más que mi esposo y que mis hijos y que podían decirme que mi discurso era asombroso. Mientras caminaba por mi vecindario en Denver y saludaba con la cabeza a los otros transeúntes, seguía pensando, *apuesto a que la mujer que está allí saliendo de su bungalow de los años treinta con su schnauzer no está a punto de hacer el ridículo, mañana, delante de decenas de miles de adolescentes luteranos.*

Tan pronto como pude domesticar mi autocompasión, llamé a mi amiga Kristen y le di un repaso de mi charla. Ella había estado en el ministerio juvenil por más de una década y fue lo suficientemente amable como para atender mi llamada de pánico. Seguramente ella podría reforzar mi confianza debilitada.

"Parece como si estuvieras hablándole a sus padres. Mira, esto es lo que más bien podrías tener en cuenta", y puso ante mí todo un bosquejo de mensaje, todo lo cual era sólido, nada de lo cual era algo que yo diría. Casi que entré en pánico; prácticamente troté con el perro y llamé a mi amiga Shane, que ya había hablado antes en estas reuniones de jóvenes a gran escala y, como yo, no era una "persona del ministerio juvenil".

"Ay, cariño, *debes* estar asustada. Los adolescentes son un auditorio áspero".

Antes de acostarme esa noche, recuerdo haber pensado dos cosas: (1) Me va a tocar tragármelo con tenedor y todo delante de 35.000 mil personas. (2) Necesito mejores amigos. Me quedé despierta anticipando el sonido ensordecedor de la multitud que no se reía de mis ocurrencias de apertura. Pasé la mayor parte de esa noche imaginando maneras de perder mi vuelo, enfermarme o sufrir una crisis nerviosa.

Cuando me subí al avión temprano, la mañana siguiente, estaba soñolienta, me sentía aterrorizada y sentía como si estuviera a punto de dar una charla en un país extranjero sin la ayuda de un intérprete. Fue entonces cuando Chloe se sentó a mi lado. La delegada diplomática de Nínive.

Mi propia ansiedad por la conferencia para jóvenes me consumía demasiado y, además, estaba la molestia de tener que sentarme en el asiento del medio como para darme cuenta de la adolescente que venía por el pasillo, con un flequillo rosa teñido colgandole en la cara como visera protectora que invitaba, tanto como repelía, la atención. Disculpándose, se escurrió hasta acomodarse en el asiento de la ventana a mi lado y sacó una mochila negra desgastada de la que tomó un cómic de Anime y su cuaderno de dibujo. Sus hombros se encogieron hacia adentro y hacia abajo como si intentara ocultar lo que su flequillo rosa no pudo. Tímidamente, y sin hacer contacto visual, echó un vistazo a mis brazos desnudos y dijo: "Bonitos tatuajes".

"¡Oh gracias! Me gustan. Menos mal porque, ya sabes, los tendré por un buen tiempo".

Ella sonrió. Eso creo. Era difícil darme cuenta.

Ahí sentadas, regresamos cada cual a su silencio mientras el avión se llenaba de viajeros, muchos de los cuales también se dirigían a nuestra conferencia en Nueva Orleans. (Me podía dar cuenta porque llevaban camisetas de varias congregaciones luteranas, como si estuvieran uniformados, agrupados por colores cual pandillas que una ve en la región del medio oeste).

"Dime, ¿qué estás dibujando?" le pregunté. Ella dijo que era Manga (figuras animadas de estilo japonés) pero que también le gusta dibujar personajes de fantasía. Le dije que mi hija, Harper, hace lo mismo. "Cuéntele sobre este sitio web donde ella puede subir su arte", me animó Chloe. Todo esto sucedió antes del despegue, así que le envié a Harper la URL que Chloe me dio y ella me respondió: "Sí, mamá, ya lo sé". (¿Si ven? No acierto ni una).

Chloe siguió dibujando y echando vistazos con disimulo para mirar mis tatuajes de nuevo. "¿Le dolieron?" preguntó, justo cuando yo me daba cuenta de las líneas finas y brillantes en sus brazos. *No tanto como eso*, me dije a mí misma.

"No tanto" dije, "pero el que está en la parte superior de mi pie. . . ¡y uno grande en mi espalda, santísima mierda, eso sí hizo daño!" Ella sonrió.

"Quiero uno, pero no tengo el dinero" dijo, todavía sin mirarme. "Algún día lo harás, y tal vez para entonces ya serás lo suficientemente mayor como para no hacerte algo tan estúpido como yo cuando tenía tu edad. ¿Qué te harías si *tuvieras* el dinero?"

Así se inició una larga conversación, y cuando estábamos a medio camino hacia Nueva Orleans ella ya me estaba contando de su vida sin saber quién era su padre, y la orden de restricción contra su hermana mayor que la había lastimado el año pasado. Chloe habló de lo estúpida que es su escuela y cómo la pusieron en clases de educación especial cuando en realidad es muy buena en matemáticas; ella solo piensa que los gráficos son bobos, por lo que se niega a trabajarlos en clase. Me di cuenta que ella era inteligente. Simplemente no encajaba en el sistema. Le dije que mi consejera en la secundaria era una perra completa que pensaba que yo debía ir a una escuela de comercio, y sin embargo, heme aquí, con título de posgrado y un par de libros publicados a mi nombre. ¡Ja! ¿Quién es el que ríe ahora, ah? ¡Ja! ¿Quién?

Una sonrisa se abrió camino en su rostro como una visitante no invitada, e inmediatamente Chloe empezó a lucir más ligera y más joven. Por un segundo, incluso, me miró a los ojos.

"Entonces," pregunté finalmente, "¿vas camino al Encuentro Nacional de Jóvenes Luteranos?"

Ella me miró, aturdida. "Sí. . . un momento, ¿*usted* también va para allá?"

Sonreí y dije: "¡Ajá…! Resulta que soy pastora luterana y voy a hacer algo allá mañana en la noche".

"¡No! ¿En serio?" se asombró ella, y me reí. Me dijo que solo hay un par de chicas en su grupo de jóvenes que incluso realmente le hablan y que no quería venir a este viaje. Ella no encaja en el grupo. Le dije que la entendía porque yo tampoco.

Nos quedamos en silencio, leí mi libro y ella trabajó en un dibujo, que me dio cuando aterrizamos. Era un dibujo Manga de mí.

Me abrazó en el pasillo del 737 y me agradeció por hablar con ella. Y le di las gracias por el dibujo.

A veces desarrollo una capa protectora tan gruesa que Dios no tiene más remedio que ser vergonzosamente impertinente. Así como ahora, enviarme a una chica herida, quebrantada, con cortes brillantes en su brazo, una chica con flequillo rosa protector, una chica que no encaja, una chica que a su manera me dijo: *Hey, mira, Dios me dijo que te dijera algo: Supéralo; no eres tan central.*

⁜

No hay manera de que ustedes pueden saber con quiénes están hablando si el lugar desde el que hablan es una plataforma en el *Superdome*. El público está tan lejos que realmente no se pueden ver las expresiones faciales ni escuchar su risa. Se siente como si estuvieras en la radio. Bueno, es como estar en la radio, pero bajo luces tan intensamente brillantes que empieza uno a preguntarse si en realidad no son luces para escena sino que son, de hecho, las de una nave extraterrestre a punto de raptarte. Uno simplemente empieza a hablar como un personaje de radio ciego que está a punto de ser secuestrado por extraterrestres, mientras finge estar hablando en una reunión de jóvenes y solo espera lo mejor.

Yo no podía hacerme ninguna idea de si lo que estaba diciendo (desde el escenario lejano, bajo, lo que yo sentía eran luces extraterrestres tamaño farolas de tractor) estaba llegando al auditorio, o si estaba "funcionando". Pero sí sabía a quién le estaba hablando, porque justo antes de salir al escenario miré el pedazo de papel que estaba doblado en mi bolsillo trasero, el dibujo de Manga de mí misma. Cuando me paré frente a esas decenas de miles de adolescentes aterrorizantes, supe que solo le estaba hablando a la chica que no encajaba.

Así que conté mi historia: una niña que no encajaba, criada como cristiana fundamentalista, abandona la iglesia, entra en la adicción, se rehabilita, conoció a un buen chico luterano, se convirtió en luterana, se convirtió en pastora luterana, comenzó una iglesia.

"Algunos de sus padres y pastores estaban realmente molestos de que yo estuviera aquí esta noche, hablándoles" les dije. "Pensaron que a alguien con mi pasado no se le debería permitir hablar con miles de adolescentes. ¿Y sabes lo que tengo que decir al respecto?" Hice una pausa. "Ellos tienen toda la razón".

Silencio. Respiré hondo y continué. "A alguien con mi pasado de alcoholismo y abuso de drogas y promiscuidad y mentira y robo, no se le debería permitir hablar con ustedes. ¿Pero saben qué? A alguien con mi *presente*, quien soy *ahora*, tampoco se le debería permitir. ¡Soy una persona sarcástica, con tatuajes por todos lados, una persona enojada con una lengua de camionero! Soy una persona con tantas fallas a quien no se le debería permitir hablar con ustedes. ¿Pero saben qué?" pregunté. "¡Ese es el Dios con el que estamos tratando!"

El público juvenil se *enloqueció*. Los chicos aplaudían, gritaban, zapateaban. Se chiflaron.

La verdad sea dicha. Yo estaba asombrada. Ni siquiera creía que estuvieran escuchando. Les tomó un buen tiempo detenerse, y luego continué. "Déjenme contarles algo acerca de este Dios". Les dije que este es un Dios que siempre ha usado a personas imperfectas, que este es un Dios que caminó entre nosotros y que comió con todas las personas equivocadas y besó a los leprosos. Les dije que este es un Dios que se levantó de entre los muertos y armó un asado de pescado en la playa con sus amigos y luego ascendió al cielo y está especialmente presente en las cosas más ofensivas: el trigo, el vino, el agua, las palabras. Les dije que este Dios nunca ha *tenido sentido*.

"Y ustedes tampoco necesitan tenerlo, porque este Dios los usará, este Dios los usará a todos, y no solo a sus fortalezas, sino que se va a valer también de sus fracasos y fallas. Sus debilidades son un terreno fértil para que un Dios perdonador haga algo nuevo y haga algo hermoso, así que nunca piensen que todo lo que tienen para ofrecer son solamente sus dones. Es eso lo que significa ser un luterano". *Chloe, ¿sabes lo que eres? Eres una luterana. Como yo.* Una vez más, regresó la locura.

Más tarde, cuando bajé de la plataforma y regresé al palco del *Superdome* para escuchar a la banda que tocaba la música de cierre, los muchachos se me abalanzaron. Una chica con una sudadera rosa dos tallas más grandes que la suya lloraba. "Tengo quince años, y tú y yo tenemos la misma historia, y creo que me salvaste la vida esta noche".

La abracé y le dije que era hermosa.

Después de abrazar a lo que sentí como si fuera aproximadamente la mitad de todos los muchachos que estaban allí esa noche, encontré a mi esposo, Matthew, y lo abracé. Él había viajado un par de horas antes para ofrecerle apoyo a su esposa loca que estaba preocupada por tener que hablarles a adolescentes. Condujimos bajo un aguacero torrencial de regreso a nuestro hotel y nos sentamos en la quietud de nuestra habitación, comiendo tranquilamente el bistec que pedí para calmar mi hambre rabiosa postadrenalina.

"¿Qué acaba de pasar?" Le pregunté a Matthew.

Sin siquiera levantar la vista de su plato, solo dijo: "Que puedes hablarles a los adolescentes".

A pesar de mi deseo de disfrutar de las comodidades de Tarsis, una tierra de adultos que entienden mis bromas y (quizás, a lo mejor, tal vez) piensan que soy genial, fui escupida a las orillas de la Nínive adolescente, y limpiándome el vómito en el que la ballena me había arrojado, di el mensaje que Dios me había asignado y sobreviví. A veces, el hecho de que no haya nada en ustedes que los convierta en las personas adecuadas para hacer algo es exactamente lo que Dios está buscando.

Todavía recibo regularmente, de parte de esos chicos, correos electrónicos y *tweets* y mensajes y cartas escritas a mano. No soy yo quien determina que las matemáticas funcionen. Es que no hay manera de tomar alguna habilidad que yo pueda tener como oradora pública, adicionarle el trabajo que puse en esa charla (muy poco, en realidad) y hacer que la suma sea lo que sucedió. Sin embargo, poco a poco empiezo a comprender que cuando las matemáticas no funcionan, es porque estamos caminando en un lugar que está fuera de la lógica de la causa y del efecto. Algunas personas lo llaman Terreno Santo.

Nos acercamos peligrosamente a la vanidad espiritual egoísta cuando decimos: "Dios me usó para hacer algo". Pero quizás lo contrario también es cierto. Nos halagamos de manera igualmente desmedida cuando afirmamos que no podemos hacer las cosas difíciles que Dios pone ante nosotros.

Sin material de alta calidad con el cual trabajar, Dios opta por hacerlo a través de nosotros para otros, y en nosotros a través de otros. Esas son algunas de las travesuras extrañamente reconfortantes y desconcertantes en las que quedamos atrapados: Dios obliga al pueblo de Dios a verse a sí mismo como Dios lo ve, a hacer cosas que sabe que es incapaz de hacer, para que Dios pueda usarlo y transformarlo en recipiente humilde y generoso dador de gracia, para que pueda ser parte del gran proyecto de Dios en la tierra, para que ese mismo pueblo pueda encontrar una alegría inesperada en situaciones sorprendentes.

Para que a pastores a bordo de aviones se les recuerde a través de chicas con flequillo rosa y cicatrices, que deben superarlo. No son tan centrales.

5

Tú No Eres "La Bendición"

"Porque tuve hambre, y ustedes me dieron de comer; tuve sed, y me dieron de beber; fui forastero, y me dieron alojamiento; necesité ropa, y me vistieron; estuve enfermo, y me atendieron; estuve en la cárcel, y me visitaron". Y le contestarán los justos: "Señor, ¿cuándo te vimos hambriento y te alimentamos, o sediento y te dimos de beber? ¿Cuándo te vimos como forastero y te dimos alojamiento, o necesitado de ropa y te vestimos? ¿Cuándo te vimos enfermo o en la cárcel y te visitamos?" El Rey les responderá: "Les aseguro que todo lo que hicieron por uno de mis hermanos, aun por el más pequeño, lo hicieron por mí".

– MATEO 25:35-40

El aire acondicionado en el salón del Orlando Marriott donde estábamos reunidos se había estado tomando demasiado en serio su trabajo durante toda la semana. Nos habíamos reunido como denominación (Iglesia Evangélica Luterana en Estados Unidos -ELCA) para tratar, otra vez, de hacer valer las palabras de Jesús cuando dijo, en Mateo 25, que cada vez que vistamos a los desnudos y alimentemos a los hambrientos, se lo hacemos al mismísimo Cristo.

La ELCA se reúne cada dos años para debatir sobre ese tipo de cosas.

Ese año, 2011, habíamos discutido si aprobar o no la declaración propuesta por la denominación sobre genética humana e investigación genética. Sabía que estábamos allí para realizar un trabajo serio, pero yo andaba de malas pulgas, principalmente debido a ese aire acondicionado. Estaba tan congelada y cansada que comencé a acariciar la fantasía de que la Guardia Nacional -¡nada menos!- era la que se aparecía con mantas y agua embotellada, ya que básicamente experimento cualquier tipo de malestar físico como toda una crisis.

Pero justo antes de que pasáramos al salón contiguo para un tiempo de adoración, y justo después de que terminara de comerme todos los M&M's de maní que estaban en un vaso de estereofón[1], que estaba frente a mí en la mesa correspondiente a mi sínodo, y justo antes de comenzar con los dulces de mi vecino, y justo después de que me sentí molesta por el hecho de que la sesión se estaba demorando más de lo esperado, empezó a operar mi mecanismo de comprobación de la realidad.

En ese momento, una mujer de cuarenta y algo, perturbadoramente flaca, de piel muy gris y con un pañuelo en la cabeza, se acercó al micrófono para hablar a favor de la declaración que proporcionaba un marco ético para las pruebas genéticas y la investigación con células madre. Todos en el recinto mantuvimos nuestra atención. Ella nos dijo que tenía cáncer Etapa 4, un cáncer relacionado con una enfermedad genética, y nos rogó que adoptáramos la declaración sobre genética que estábamos a punto de votar.

"Si bien es demasiado tarde para mí", dijo mientras un salón silencioso con más de mil personas parecía dejar de respirar por un minuto, "estoy muy agradecida por una iglesia que está dispuesta a plantearse preguntas difíciles y formular declaraciones audaces en apoyo de la investigación genética continua y de que nuestro Dios puede trabajar en, con y bajo la ciencia médica".

Porque, continuó, aunque a ella no le queda ya mucho en este mundo, esperaba que el trabajo de los genetistas produjera un milagro algún

---

1. Telgopor, icopor, corcho blanco, poliestireno; dependiendo la región *(Nota del traductor)*

día para que otros como ella no murieran a una edad tan temprana.

Un silencio sagrado, pesado, siguió a sus dos minutos en el micrófono; un silencio que nos llevó a todos a echar mano de nuestros pañuelos. Afortunadamente, también fue en el momento exacto que teníamos previsto el descanso para nuestra eucaristía diaria (un rescate aún mejor en mi idea de la Guardia Nacional con mantas y agua).

Quince minutos más tarde, me senté en una de las 1.200 sillas acolchadas que estaban dispuestas de manera incómoda para una liturgia debajo de los candelabros brillantes en el ambiente fluorescente de la sala de conferencias del hotel.

Mi fila estaba todavía vacía cuando Bruce, un apuesto obispo ya al final de su quinta década, pasó por allí. Agradecida de ver un rostro conocido, lo miré, palmeé la silla a mi lado y le di una mirada eclesial de "ven aquí". Nos habíamos conocido la noche anterior en una recepción, en la que él se me había acercado para invitarme a que hablara en un evento programado para el otoño siguiente. Quería decirle que no, porque, bueno, casi siempre quiero decir que no a todo, pero como él era francamente gracioso, dije que sí. Me siento indefensa ante obispos con desparpajo y buen humor.

Saqué una bufanda de mi bolso e hice un comentario sobre el aire acondicionado de mierda mientras escuchábamos el preludio al servicio que seguiría, y cuando digo que lo escuchábamos, me refiero a que nos burlábamos de él. "Bruce, ¿este preludio nos está ayudando o nos está haciendo daño?"

Hay algo en eso de soltar groserías y burlarse de la música de adoración con un obispo que me hace sentir cálida y vagamente confusa.

Pero esa sensación no iba a durar mucho.

Antes de que pudiera responder a mi pregunta tonta, una mujer de unos sesenta años se le acercó y le puso un sobre en la mano. Parecía seria, haciéndome sentir aún peor por haberme puesto a hablar tanta mierda justo después de que todo el mundo había sido profundamente conmovido por el testimonio de una mujer con cáncer.

"Esto es de parte de todos los cónyuges de otros obispos", le dijo con lágrimas en los ojos. "Dile que la amamos y que estamos orando por ella. Honestamente, después del último orador, todos queríamos votar ya en ese momento para aprobar la declaración sobre la genética".

Miré hacia otro lado y sentí esa incomodidad que se suele sentir cuando estás presente en algo demasiado personal, tan personal como para que un recién conocido conozca el asunto. ¿Qué hago? ¿Lo ignoro? Si él tuviera hambre y yo estuviera tratando de ser una cristiana tipo Mateo 25, sabría darle algo de comer, y si estuviera desnudo, bueno, el personal de seguridad del hotel ya lo hubiera escoltado, expulsándolo. Pero él estaba en duelo. ¿Cómo podría yo ser Cristo para él?

"Bruce", finalmente dije después de que la mujer se fue, "¿está enferma tu esposa?" Es el tipo de pregunta que se debe hacer mientras se mantiene el contacto visual incluso si sientes que prefieres simplemente desaparecer.

Examinó sus rodillas por algunos minutos antes de mirarme a los ojos. Y cuando lo hizo, dijo: "Sí. Hace solo tres semanas le diagnosticaron cáncer de pulmón en Etapa 4, que se ha extendido a su hígado".

Así que ahí estaba yo. ¿Qué iba a hacer? No había forma en que pudiera presumir de comenzar a pastorear un obispo que apenas había conocido. Para mi alivio la música del órgano comenzó a sonar y me evitó tener que hablar.

A medida que avanzaba la liturgia, me senté allí, egoístamente distraída por lo que parecía como una incapacidad total para cantar el himno de apertura, cuando me di cuenta de que este obispo sentado junto a mí tampoco estaba cantando. Él lloraba. Y en ese momento no importó que él fuera un obispo y yo una pastora con una mala actitud. Lo rodeé con el brazo y seguí cantando, y traté de cantar más fuerte el himno que yo nunca hubiera elegido. Canté aún más fuerte porque mi hermano en Cristo no podía cantar. Tuve que cantar para los dos. Y entonces tomé su mano.

Después de la liturgia, le pregunté a Bruce si le gustaría que orara por él y lo ungiera con aceite [2]. Sus ojos se llenaron de lágrimas y dijo:

---

2. "¿Está afligido alguno entre ustedes? Que ore. ¿Está alguno de buen ánimo? Que cante alabanzas. ¿Está enfermo alguno

"Gracias, sí".

Me comprometí a orar por él todos los días después de eso y lo hice durante las siguientes nueve semanas, hasta la muerte prematura de su esposa. Durante esas nueve semanas, oré y me mantuve en contacto regularmente por teléfono, mensajes de texto y correos electrónicos. De alguna manera, Bruce se apoyó en mí y me enviaba mensajes de texto realmente honestos en los que daba a conocer cuánto dolor sufría y cuán difícil era todo eso.

Años atrás, cuando los buscapersonas se hicieron populares, pero antes de que aparecieran los teléfonos celulares, la iglesia de mis padres tenía un servicio de buscapersonas para respaldar en oración a los que estaban atravesando por alguna crisis. Las personas en la iglesia tenían el número del buscapersonas, y cada vez que oraban por quien acababa de perder a un ser querido o por quien estaba pasando por un tramo difícil de quimioterapia, esa persona sentía el zumbido del buscapersonas con cada oración ofrecida. Esto siempre se mantuvo conmigo como una idea poderosa, así que traté de hacerle saber a Bruce, con cierta regularidad, que yo estaba orando por él.

A medida que pasaban los días y su esposa se enfermaba cada vez más, los mensajes continuaban. "Acabo de orar por ti", le escribía en un mensaje de texto o correo electrónico, y él inevitablemente respondía con "Gracias. Esto es muy difícil. No estoy seguro de cómo lidiar con todo".

"Lo harás", le respondía, "pero se sentirá como una mierda y no será fácil".

¿Qué más podría decir que no fuera una total tontería? Si no fuera por nada más, lo admiré por su honestidad y su capacidad para buscar apoyo.

La mañana siguiente a la muerte de Cynthia, recibí una llamada de alguien de la oficina de Bruce para avisarme que el funeral se celebraría

---

"de ustedes? Haga llamar a los ancianos de la iglesia para que oren por él y lo unjan con aceite en el nombre del Señor. La oración de fe sanará al enfermo y el Señor lo levantará. Y, si ha pecado, su pecado se le perdonará. Por eso, confiésense unos a otros sus pecados, y oren unos por otros, para que sean sanados. La oración del justo es poderosa y eficaz". (Santiago 5:13-16) cerca de donde ellos vivían, en Madison, Wisconsin. Al subir al avión unos días después, me preguntaba qué estaba haciendo yo al asistir a un funeral de una mujer que nunca había conocido. Sin embargo, yo había hecho la promesa de solidarizarme con su marido, y esa noche, cuando Bruce se me acercó en la recepción del funeral y me preguntó si me quedaría hasta que todos se fueran, dije que sí. Mientras estábamos en un salón vacío de la iglesia junto a las cafeteras ya desocupadas y las bandejas de queso debidamente consumidas, pregunté: "Entonces, Bruce, ¿quiénes pastorean a los obispos?"

"Nadie", dijo casi en un susurro, no por secreto o vergüenza, sino por la pesada verdad pronunciada.

En el camino de regreso para pasar la noche en la casa de mis amigos Jay y Annie, donde me estaba hospedando en Milwaukee, pensé en lo que Bruce había dicho y me hizo reflexionar que quizás no queremos que nuestros líderes tengan necesidades. Tal vez no solamente los líderes son los que piensan que deberían ser perfectos; tal vez también sean sus seguidores los que esperan que ellos ya lo hayan resuelto todo en la vida. Tal vez queremos que las personas que nos cuidan y nos guían no sean como nosotros, que no luchen como nosotros, porque si nos damos cuenta de que ellos también están sufriendo y pasan por necesidades, entonces tal vez se rompa el hechizo, la ilusión de que estamos bien, que estamos en buenas manos. Así como cuando me angustié el día en que vi a la Srta. Kramer, mi maestra de tercer grado, salir del baño de las maestras. *Espere. ¿Quiere decir que los profesores también van al baño? ¿Quiere decir, así como yo?* Nunca la pude volver a ver de la misma manera.

Seguí conduciendo en la oscuridad a través de una Wisconsin aldeana pensando en cómo me había convertido, sin querer, en uno de los pastores del obispo Bruce por los días en que su esposa murió, y en cómo era un honor, pero que si fuera totalmente honesta, también sentía cierta clase de orgullo extraño. Él es fácil de amar y yo estaba feliz de llegar a ser una de las personas que, de una pequeña manera, había podido ayudarlo a transitar un trecho difícil. Solemos estamparle a ese tipo de cosas la etiqueta "servir a los demás" como si fuera algo completamente valioso, pero a decir verdad, nunca he podido evitar sentirme auto-importante cuando ayudo a las personas. Ser *quien llega a servir* es una posición de poder. No importa cuán desprendida y no egoísta quisiera pensar que soy, siempre hay en el servicio algo para mí, incluso si es la satisfacción de saber que soy una buena cristiana nivel Mateo 25, que estoy "siendo Cristo" para otra persona.

Si bien nosotros, como pueblo de Dios, estamos ciertamente llamados a alimentar a los hambrientos y a vestir a los desnudos, todo eso de que "somos bendecidos para bendecir" puede ser algo peligroso. Puede ser peligroso cuando nos autoproclamamos como indispensables para el mundo a la espera de poder descender hasta los de abajo a fin de ser para ellos la "bendición" que han estado esperando, gústeles o no. Además, verme a mí misma como la bendición puede, con facilidad, ocultar hasta qué punto yo soy realmente parte del problema y también las formas en que yo también soy pobre y necesito que se preocupen por mí. Verme a mí misma o a mi iglesia o a mi denominación como "la bendición" –tal cual se estila en muchos viajes misioneros consistentes en ayudar a "los menos afortunados que nosotros"- puede deslizarse hacia la bajeza de una mezcla de benevolencia y paternalismo. Podemos llegar a ver a "los pobres" como personajes de reparto en una historia grandiosa sobre lo nobles, desinteresados y útiles que somos.

Después de conocer a Bruce y luchar con lo que significa ser las manos y los pies de Cristo en el mundo cuando soy tan propensa al orgullo, leí Mateo 25 con mayor atención y me di cuenta de que si Jesús decía "yo estaba hambriento y me alimentaron," es porque la presencia de Cristo no está encarnada en aquellos que alimentan a los hambrientos (con todo y lo importante que es ese trabajo). La presencia de Cristo, por el contrario, está en los hambrientos que son alimentados. Cristo no viene en la forma de aquellos que visitan a los encarcelados, sino en el prisionero por el cual hemos de preocuparnos. Y para ser claros, Cristo no viene a nosotros como los pobres y los hambrientos. Porque, como lo sabe cualquier persona para quien los pobres no son una abstracción, sino personas reales de carne y hueso, los pobres, los hambrientos y los encarcelados no son una clase especial romántica de personas a la imagen y semejanza de Cristo. Ni tampoco aquellos que satisfacen sus necesidades son una clase especial romántica de personas a la imagen y semejanza de Cristo. Todos somos igualmente tan pecadores y santos como el otro. Entonces no; al contrario, Cristo viene a nosotros en las necesidades de los pobres y los hambrientos, necesidades que son atendidas por otros para que la esplendorosa redención de Dios sea conocida.

Nadie viene aquí a jugar el papel de Jesús. Con lo que sí contamos es con poder experimentar a Jesús en ese lugar santo en el que satisfacemos las necesidades de los demás y en el que nuestras necesidades son satisfechas. Todos somos los necesitados y los que satisfacemos necesidades. Ubicarnos a nosotros mismos o a cualquier otra persona en una sola categoría es engañarnos a nosotros mismos.

De todo esto sí estoy segura: no fui yo quien permitió que Cristo se revelara en el encuentro entre la pastora sarcástica y el obispo que lloraba. Fue la necesidad de Bruce la que reveló a Cristo. Bruce no vino para interpretar el rol de Jesús; ni yo tampoco. Pero Bruce se prestó para sufrir una necesidad que alguien, por imperfecta que fuera, hubiera podido satisfacer. Y cuando la pena de nuestro hermano fue atendida, Jesús fue atendido.

El hecho es que todos somos, al mismo tiempo, portadores del evangelio y receptores del mismo. Satisfacemos las necesidades de los demás y permitimos que nuestras necesidades sean satisfechas. Y lo extraño de las buenas noticias es que, como aquellos en Mateo 25 ante el trono que dijeron *¿Cómo así? ¿Cuándo te alimentamos, Señor?*, nunca sabemos cuándo estamos experimentando a Jesús en todo esto. Todo lo que tenemos es una promesa, una promesa de que nuestras necesidades son santas para Dios. Una promesa de que Jesús está presente en la reunión de necesidades y que su reino está aquí. Pero él es un tipo diferente de rey que gobierna sobre un tipo diferente de reino. Ser parte de ese raro reino de Cristo se parece más a tener sed y que alguien que ni siquiera te cae bien te da de beber. No se parece a que se nos conceda pulir nuestras coronas. Se parece más a darle mis tres abrigos adicionales a la trinidad de drogadictos en la esquina, que a pavonearse con túnicas de armiño.

Ese es el sorprendente escándalo del evangelio, el sorprendente escándalo del reino: es más semejante al desastre que nos arranca de nuestra inconsciente adicción a ser buenos para que podamos mirar a Jesús cuando se nos acerca y dice: *Hey, -parece que una buena comida te caería muy bien.*

El Señor esté con vosotros.
Y también contigo.
Demos gracias al Señor nuestro Dios.
En verdad es justo dar nuestro agradecimiento y alabanza.

6

Un Ladrón en la Noche

Cuando Jim y su novio Stuart, llegaron por primera vez a la iglesia el primer domingo de Adviento de 2008, solo éramos unos treinta en nuestra pequeña banda de desadaptados aficionados a Jesús.

Justo ese domingo, comenzábamos a reunirnos para la eucaristía semanal en lugar de mensualmente. Jim y Stuart han sido parte de La Casa desde entonces, a pesar de que lo último que Jim quería en su vida en ese momento era la iglesia. Ese es un sentimiento que comparto por completo.

Ambos en sus cuarenta y pico, Jim a la moda, calvo, con barba rojiza y bastante discreto; Stuart, por su parte, *drag queen*, alto, divertido y llamativo, magnético, exuberante. Los amé de inmediato porque, incluso en su primer domingo, ayudaron a cargar los aparentemente innumerables contenedores *Rubbermaid* hasta el pequeño armario en el segundo piso donde se guardan todas las pertenencias de nuestra iglesia, y yo me embobo con cualquiera que brinde la menor ayuda guardando nuestras cosas.

El domingo siguiente volvieron Jim y Stuart. Después de la iglesia, Jim se deslizó a mi lado en nuestro rincón preferido en Sputnik, que en ese momento era el bar postlitúrgico elegido por La Casa.

"Me alegro que hayan vuelto esta semana," dije, tratando de sonar acogedora pero no amenazante. "Ajá" respondió Jim. "Esta tarde Stuart dijo: *Regresemos a esa Casa para Todos los Pecadores y Santos*, y yo dije

¿Ugh, es enserio?".

Me reí a carcajadas porque había dicho la verdad. Pensé que era histérico que alguien se sentara frente a la pastora, pidiera una cerveza y dijera que no quería regresar a la iglesia de esa pastora. La mejor parte fue que después de que me reí, él no intentó retractarse. Él solo se rió conmigo y agregó: "No estoy tan metido en la iglesia en este momento".

"Te entiendo" le dije. Y luego pasamos a otras conversaciones, relacionadas principalmente con películas recientes y luego como quince minutos de Jim explicándome cómo hacer que mis cuentas de correo se sincronicen con mi iPhone.

Más tarde me enteraría de que Jim tenía una buena razón para "no estar en" la iglesia. Durante un período de nueve años en el que luchaba con su identidad, Jim fue parte del personal de una mega iglesia evangélica de primer nivel en las afueras de Chicago, que en realidad fue un cambio refrescante de lo que Jim conocía desde su infancia. Fue criado como un bautista conservador. Y después de que supe de su educación, supe por qué, en la primera semana que él y Stuart habían venido a congregarse con nosotros, había estado tan incómodo durante la lectura del evangelio, una lectura que incluía frases como "algunos serán tomados". Podía verlo moviendo los pies, cruzando los brazos, y creo que incluso lo escuché suspirar. Por supuesto, Jim se crió en una iglesia que creía en "el arrebatamiento".

Yo misma nunca había oído hablar de eso hasta cuando andaba por mis treinta. Mi educación fundamentalista fue simplemente demasiado "creyente en la Biblia" como para meterse con esa marca particular de locura, ya que el arrebatamiento era una idea que se le había ocurrido a algún predicador en el Reino Unido a fines del siglo XIX. Cuando se llega a ese punto la gente puede tomar un par de versículos de la Biblia y seguir a partir de ahí en la dirección que se les ocurra, incluida la de un negocio multimillonario en el mundo editorial, si es que alguno de ustedes es Tim LaHaye (autor de *Dejados atrás*, serie de libros que él escribió con Jerry B. Jenkins). Claro, hay un par de referencias a que *algunos serán tomados y otro serán dejados*, pero en mi entendimiento del asunto, el rapto en sí no está realmente en la Biblia.

Estoy segura de que hay maneras más graciosas de explicar el rapto, y no todos los que creen en eso caben en esta descripción, pero creer en el arrebatamiento me parece que es lo mismo que creer que cuando Jesús regrese, lo hará como un bastardo, enojado y crítico, que aparentemente se sometió a un total trasplante de personalidad desde su resurrección. O como un mago selectivo que hará que todas las personas buenas suban al cielo como un millón de Evangélicas Mary Poppins y obligue a las personas malas a ser "dejadas atrás" en la tierra para que sufran terriblemente.

Hay algunos cristianos que hablan sobre el arrebatamiento como si a las personas buenas en el cielo se les dieran asientos privilegiados en palcos especiales para que desde allí puedan ver a las personas malas sufrir en la tierra. Esta es la recompensa que le espera a la gente buena por no haberse divertido nunca mientras estuvieron en esta existencia terrenal. Este tipo de mierda que siembra el miedo se consume como pan caliente. La gente se lo traga. ¿Y por qué no lo haríamos? Son cuentos que apelan a esas partes egoístas nuestras que son odiosas y buscan venganza, como si Dios mismo estuviera aprobándolas con su firma. Lo cual, pensándolo bien, es lo que toda esa religión perversa hace por nosotros.

No hace falta decir que las teorías del rapto no son algo que yo haya tomado muy en serio. Pero Jim se crió en ese ambiente, y en su primera semana en La Casa, no ocultó su incomodidad durante la lectura del evangelio acerca de las personas que fueron arrebatadas de los campos y que Dios vino como un "ladrón en la noche". *Un ladrón en la noche* ("A Thief in the Night"[1]), supe más tarde, es el título de una película de la década de 1970 de bajo presupuesto hecha para cristianos que asustó a los chicos *canutos*, evangélicos fundamentalistas, de toda una generación que, como Jim, creían lo que los adultos les decían: que en cualquier momento todos los que amaban podían ser llevados al cielo

---

1. Producida y dirigida por Donald W. Thompson, 1972 *(Nota del traductor)*

por Jesús, y si eran malos (es decir, si eran homosexuales, o si habían tocado demasiado a su novia, o se hubieran tomado una cerveza, o se habían robado una barra de chocolate, o si habían dicho "¡Maldita sea!" cuando habían sacado un uno en un examen de geografía) serían "dejados atrás" con las otras personas malas para ser atormentados por la eternidad.

"Cuando regresaba a mi casa de la escuela, si mi mamá todavía estaba en la tienda y no podía ver a nadie más en mi cuadra me asustaba pensando que todos se habían ido y que yo me había quedado atrás" me explicó Jim más tarde. "Y básicamente tenía un ataque de ansiedad hasta que mi madre llegara a casa. Cuando ella llegaba ni siquiera podía decirle por qué estaba tan asustado porque entonces ella comenzaba a preguntarme qué había hecho para merecer que me dejaran atrás". Muchos de mis otros feligreses me confesaron este tipo de temor que la religión de su infancia les había inculcado.

No tenía idea de cuántas de las treinta personas presentes en ese primer domingo de Adviento cargaban con esa clase de estrés postraumático cuando llegaron a la iglesia y se sacudieron la nieve de las botas al entrar. Como predicadora recién desempacada (yo había recibido mi ordenación ministerial tan solo una semana antes) no era consciente del hecho de que en las primeras semanas de Adviento, el leccionario[2] no aborda la historia del nacimiento de Jesús. No hay ángeles ni pesebres durante las primeras semanas de Adviento. En cambio, lo que tenemos son textos apocalípticos. Cosas extrañas, vergonzosas, asuntos relacionados con la idea del fin del tiempo que yo rápidamente escondería debajo de los cojines del sofá si algún no cristiano se acercara a visitarme, no fuera que me considerara una loca antes de poder decirle que los textos apocalípticos eran muy comunes en el momento en que la Biblia se estaba escribiendo. Por esa época eran textos que, de existir los supermercados, estarían disponibles en la fila de los puntos de pago al lado de las revistas con los chismes de farándula.

---

2. El leccionario es una serie de lecturas asignadas para cada domingo que incluyen un salmo, un texto de la Biblia hebrea (o uno del libro de los Hechos durante Semana Santa), y una lectura de las epístolas y otra de los evangelios.

Los textos apocalípticos a menudo eran lenguaje cifrado para hablar sobre el mundo en el que vivía la gente en ese momento; eran una forma en que la gente en situaciones políticamente peligrosas podía decir la verdad sobre el poder -eran más comentarios que predicciones. Y, sí, son textos perturbadores, pero en parte porque representan un género con el que simplemente no estamos familiarizados. Algo así como si el género de ciencia ficción dejara de producirse en dos mil años, pero que *Battlestar Galactica* todavía se pudiera ver, y las personas en el año 4000, en lugar de entenderlo como un comentario sobre la arrogancia y lo que significa ser humano, lo viera como una predicción del futuro y esperara mirando expectante al cielo en derredor los ataques de Cylon. Eso no significa que todos los textos apocalípticos no sean válidos en razón a su género literario, sino que no están destinados a ser usados como si fueran bolas de cristal.

Aquí está el texto apocalíptico aburrido que terminé leyendo el primer domingo que Jim nos visitó:

> Pero en cuanto al día y la hora, nadie lo sabe, ni siquiera los ángeles en el cielo, ni el Hijo, sino solo el Padre... Estarán dos hombres en el campo: uno será llevado y el otro será dejado... Manténganse despiertos, porque no saben qué día vendrá su Señor. Pero entiendan esto: Si un dueño de casa supiera a qué hora de la noche va a llegar el ladrón, se mantendría despierto para no dejarlo forzar la entrada. Por eso también ustedes deben estar preparados, porque el Hijo del hombre vendrá cuando menos lo esperen. (Mateo 24:36, 40, 42–44)

En otras palabras, tuve que predicar sobre un texto que mi amigo Russell describe como "la amenaza anticipada de que Jesús secuestre a alguien en el trabajo y luego irrumpa en mi casa y me robe".

Lo extraño de ese pequeño pasaje de Mateo es que ha sido utilizado por muchos como una predicción de los últimos tiempos o como una guía completa sobre cómo estar listo para el regreso de Jesús, cómo saber con seguridad que lo raptarán y no lo dejarán atrás. Pero dado el número de predicciones incorrectas de los tiempos finales que se han dado a lo largo de los siglos -¡carajo, incluso durante mi época!- puede que haya mucho más que debamos aprender leyendo textos como ese como descripciones y no como predicciones. Si es que andamos en la búsqueda de certidumbre en relación con el futuro en la Biblia, este podría ser el peor lugar del mundo para buscarlo.

Nadie lo sabe, indica el texto. Los ángeles no lo saben, Jesús no lo sabe, ustedes no lo saben. Si el tipo supiera cuándo llega el ladrón, no habría perdido sus cosas. Así que prepárense porque eso es inesperado.

Pero, ¿cómo diablos puede uno estar listo para algo que no se sabe que viene? ¿Cómo podemos estar preparados para lo inesperado? Bueno, no podemos.

Entonces, tal vez manteniéndose despierto, alerta y expectante -todos ellos, temas de Adviento- no tiene nada que ver con el conocimiento, o con la certeza, o con la predicción, sino que tiene mucho que ver con estar en un estado de desconocimiento. Mi instinto siempre es utilizar mi conocimiento -mi certeza de que estoy en lo cierto, como por ejemplo que estoy 100% segura que el arrebatamiento es una cosa inventada- como un tipo de programa de prevención de pérdidas, un sistema mediante el cual me protejo de lo desconocido y lo inesperado. Uno que funciona -aproximadamente- ninguna de las veces. Tal vez como Jim que estaba seguro de que nunca más quería tener nada que ver con la iglesia.

Así es la cosa: al igual que el propietario de la casa, saber a qué atenerse como una forma de evitar que lo roben solo es ventajoso si se asume que ser robado es algo malo. Pero tal vez tener un cerebro que no conoce nos permite ser tomados desprevenidamente por la gracia de Dios, que es como si fuera un ladrón en la noche. Tal vez sea una buena noticia que Jesús haya estado reparando aquí y allá, rondando la casa que de todas maneras va a ser robada. La promesa de Adviento es que, a falta de saberlo todo, nos roban. Hubo y hay y habrá un allanamiento porque Dios no está interesado en nuestros programas de prevención de pérdidas, sino en salvarnos de nosotros mismos y salvarnos de nuestra cultura y salvarnos incluso de nuestras certezas sobre la historia misma de Dios.

Este ladrón santo *quiere* robarnos, tal vez literal y metafóricamente al mismo tiempo. Tal vez, durante el Adviento, una temporada en la que el consumo llega a niveles pornográficos, una en la que nuestras deudas de tarjetas de crédito aumentan y nuestras cinturas se expanden, la idea de que Jesús quiera entrar y robar algunas de nuestras cosas es realmente una buena noticia. Solo hay un montón de basura en mi casa, de nuevo, tanto literal como metafóricamente, de la que podría prescindir.

Así que, ese domingo de 2008, cuando, a pesar de la incomodidad transmitida a sus pies, y su deseo de no estar en la iglesia, Jim vino a *La Casa* a escucharme predicar. Le indiqué que tal vez deberíamos comenzar a hacer las listas de Adviento; serían como las listas de Navidad, pero en lugar de enumerar las cosas que queremos que nos traiga Papá Noel podríamos escribir las cosas que queremos que Cristo nos quite cuando venga a robarnos. Con la esperanza de que él pueda robarse la basura inútil de nuestras casas, o huir con nuestro propio odio o resentimiento... tal vez meterse en medio de la noche y salir despavorido llevándose nuestra gula compulsiva o nuestro amor al dinero. Así es como Dios trabaja a veces. No a través de las cosas para las que estamos preparados, sino a través de aquellas que no esperamos.

Ya mencioné antes que es difícil tratar de hablar de la manera en que Dios se mueve en el mundo. Eso se ha hecho tan mal y por tantos motivos de autoengrandecimiento por parte de tantos, entre los que me incluyo. No creo que yo pueda confiar lo suficiente en mí misma como para sentirme segura de anunciar que Dios está involucrado en algo, especialmente si es en mi propio proyecto. Pero en retrospectiva puedo ver a Dios con bastante consistencia. Quiero decir, en un momento dado estoy tan llena de dudas, intereses personales, ambición y neurosis que es difícil estar sintonizada con Dios. Pero *después* que algo sorprendente o intensamente hermoso sucede, generalmente a pesar de mí y de mis maquinaciones, es *entonces* cuando empiezo a sospechar de Dios. Dios es el sospechoso, el ladrón.

Los textos apocalípticos intentan explicar el presente, inyectando el presente en el futuro. Como si, para hablar en lenguaje cifrado sobre el *Tea Party*, yo escribiera un episodio de *Battlestar Gallactica* donde la tripulación de la nave fuera tomada lentamente por *Cylons* con la intención de privatizar la producción de combustible a bordo.

Pero no voy a hacer eso. Realmente no puedo proyectar en el futuro lo que está sucediendo ahora. Soy terrible para predicciones. Pero puedo pararme en el presente y descifrar lo que sucedió en el pasado. Puedo tomar posiciones, dar mi propio testimonio. Puedo preguntarles a otras personas sobre sus vidas, tratar de darle sentido a lo que ha sucedido. Y cada vez que la evidencia no tenga ningún sentido, sé exactamente de quién sospechar. Es Jesús. Otra vez.

Es como cuando Diane, una joven madre de mi congregación cuya mamá es mentalmente inestable y emocionalmente abusiva, me envió un correo electrónico y me dijo: "Lo más extraño acaba de suceder. Mi mamá publicó en Facebook sobre los momentos difíciles que está pasando y, bueno, ya sabes... lo que suele publicar, y terminó diciendo que aún siente el amor y la presencia de Dios. Normalmente, esto me hubiera sacado de casillas por lo delirante y obsesionada que ella es, pero eso no sucedió, Nadia. Extrañamente, mi primera respuesta al leer su publicación fue, *por supuesto, que ella siente el amor y la presencia de Dios. Eso es solo la naturaleza de Dios*. Me desorienta no tener el mismo resentimiento hacia ella que he mantenido durante tanto tiempo. Pero creo que, después de haber escuchado tanto el mensaje del amor de Dios en la iglesia, he llegado a creerlo para mí misma y tal vez lo creo tanto para mí misma que incluso lo creo para mi *madre*".

Tal vez el bendito intercambio del que hablé antes signifique que Jesús está merodeando como el Grinch después de haber robado los bienes de otras personas, cargando a cuestas un enorme saco rojo con nuestros resentimientos y resistencias y un montón de otros desperdicios del que nunca logramos deshacernos, sin importar cuánto sepamos que deberíamos hacerlo. Tal vez solo va de una persona a otra llevándose nuestra basura inútil.

✢

"Dime, ¿por qué usas esa camisa con cuello clerical?" Jim me preguntó. Estábamos en la sala de la casa de Amy Clifford en una fiesta de Navidad, y habían pasado tres semanas desde que Jim y Stuart habían llegado a *La Casa*. Su expresión dijo: "Te estoy chequeando, así que no trates de salirte con la tuya".

La comida junto a nosotros era encantadoramente sureña, tal como nuestra anfitriona. Tomé un "por siempre ámbar" -una mezcla de rodajas de coco y naranja que se enrolla en bolitas- y me la metí en la boca antes de darme cuenta de que era un manjar que exigía una lenta masticación, por lo que el tiempo entre la pregunta de Jim y mi respuesta fue incómodamente largo.

Tan pronto como mis mandíbulas quedaron libres, le expliqué a Jim que mi camisa representa un oficio que sostengo cuando predico y presido la comunión y que un collar clerical también representa la catolicidad de la iglesia y la tradición luterana de la que soy miembro. Esa es una parte que no estoy jugando a disfrazar ni fingir.

Solo después de callar me di cuenta de que haber usado la palabra *católico* fue quizás un paso en falso. Su mirada escéptica se desvaneció ligeramente solo después de una buena conversación de veinte minutos sobre la tendencia a ver televisión sin parar, y tal vez solo porque el jamón y las galletas llegaron como el último acto de un drama culinario de Tennessee.

Durante los meses posteriores al primer domingo, Jim insistió en que, a pesar de su asistencia semanal a la liturgia y su trabajo técnico y de diseño a nombre de la comunidad (como diseñar un póster increíble para nuestra ceremonia de Bendición de Bicicletas que incluía una cadena de bicicleta alrededor del sagrado corazón de Jesús) él no diría que estaba haciendo otra cosa que no fuera "pasar el rato" en *La Casa*. Él no era un miembro.

Por supuesto, técnicamente hablando no teníamos ningún miembro, y eso está bien. Jim estaba allí. Se hacía presente. Y siguió regresando porque había ocurrido algo inesperado: Jim había estado seguro de que la iglesia ya no era para él, y esta certeza funcionó por un tiempo. Pero con el paso del tiempo fue como si Dios irrumpiera como un ladrón en una noche de Adviento y lo robara. Jim sabía qué esperar en una iglesia que lo rechazaba. Entró en la nuestra con esa expectativa, y fue robado.

Bienvenido a Adviento, Jim. Pero revisa tus bolsillos antes de salir.

7

María, Madre de Nuestro Señor

-No tengas miedo, María; Dios te ha concedido su favor —le dijo el ángel—. Quedarás encinta y darás a luz un hijo, y le pondrás por nombre Jesús. Él será un gran hombre, y lo llamarán Hijo del Altísimo. Dios el Señor le dará el trono de su padre David, y reinará sobre el pueblo de Jacob para siempre. Su reinado no tendrá fin.—¿Cómo podrá suceder esto —le preguntó María al ángel—, puesto que soy virgen?—El Espíritu Santo vendrá sobre ti, y el poder del Altísimo te cubrirá con su sombra. Así que al santo niño que va a nacer lo llamarán Hijo de Dios. También tu parienta Elisabeth va a tener un hijo en su vejez; de hecho, la que decían que era estéril ya está en el sexto mes de embarazo. Porque para Dios no hay nada imposible. —Aquí tienes a la sierva del Señor —contestó María—. Que él haga conmigo como me has dicho. Con esto, el ángel la dejó.

– LUCAS 1:30-38

Cuando yo tenía doce años, antes del Gran Cinismo de la adultez temprana, fui a la casa de una amiga de la escuela para pasar la noche en una *piyamada*. Era invierno, y cuando entré en la cocina de su casa de los años 70 con mi bolso que contenía mi piyama y un cepillo de dientes, me topé con lo que parecía una escena de crimen teológico.

"Cassie, ¿abriste el calendario de Adviento hoy?" preguntó la mamá de mi amiga. La madre tenía cáncer y llevaba una delgada bufanda marrón sobre su cabeza. Colgado en la pared al lado del refrigerador de color aguacate había algo para lo que no estaba preparada y que silenciosamente me escandalizaba. El objeto en cuestión reveló algo impactante sobre Cassie y su familia. No, ellos no eran adictos a la heroína ni eran parte de una milicia armada. Ellos. Eran. Católicos.

Y ni siquiera estaban tratando de ocultarlo. Un calendario de cartón cubierto con imágenes de María colgaba de la pared. Cassie había ido al calendario, había abierto un pequeño cuadro con bisagras con el número 18 y me había dado el pedazo de chocolate brillante que sacó del interior en forma de campana. El placer de que el chocolate ceroso se derritiera en mi boca se vio atenuado por el sentimiento de lástima por su madre, combinado con un escándalo que no podría haber sido más fuerte si las imágenes en ese calendario de Adviento hubieran sido de modelos de *Playboy*. Pero no me malinterpreten; de todas maneras me comí el chocolate. Por completo.

Yo ya sabía que los católicos existían, con sus santos y velas y rosarios, y todas sus otras formas exóticas de equivocarse. Pero ahora tenía amigos *católicos*. Y no podía dejar de mirar a su María. Parecía luminiscente, buena, digna de confianza y hermosa. Y yo estaba secretamente feliz de que tuvieran que tenerla.

No tenía la menor idea, por supuesto, de que el Adviento era una temporada y no solo el nombre de los escandalosos calendarios paganos de chocolate que van contando los días hasta la Navidad. De hecho, desde por lo menos el siglo quinto, el período de cuatro semanas antes de Navidad se ha reservado en la iglesia como un tiempo de anticipación, expectativa y esperanza. Pero yo no habría de saberlo, mucho menos experimentarlo, sino hasta décadas después de haber comido chocolates católicos brillantes.

Los niños de la Iglesia de Cristo como yo, en Colorado Springs en 1982, no teníamos calendarios de Adviento. Ningún domingo en nuestra iglesia fue diferente de cualquier otro domingo durante el año, y eso incluía la Navidad, ya que la Navidad era una festividad cultural y no religiosa, porque para nosotros no había festividades religiosas. La gente que realmente no creía en la Biblia era la que celebraba las religiosas, porque la Biblia nunca decía que debíamos celebrar cosas como el Adviento y la Navidad. (La Biblia nunca dijo que deberíamos lavarnos los dientes ni ver las festividades patrióticas del 4 de julio ni tampoco respirar oxígeno, pero eso nunca pareció molestarles a los adultos en la iglesia). Así que mantuvimos a Cristo fuera de la Navidad. Rudolph y Santa Claus estaban bien, pero ¿un pesebre en la casa? De ninguna manera.

En realidad, cuando crecí, no recuerdo haber oído mucho sobre Jesús en general, aparte de lo horrible que deberíamos sentirnos por ser responsables por el hecho de que Dios tuvo que matarlo. Pero para ser justos, Jesús muy bien pudo haber sido mencionado más que por esa razón; no fui muy buena para prestarle atención a lo que se decía durante los cultos en la iglesia.

O en los retiros de la iglesia, como al que asistí pocas semanas después de descubrir la catolicidad de Cassie. Estaba nevando fuera de la cabaña en la montaña, donde los niños estábamos sentados en el suelo frío escuchando al conferencista. Recuerdo que me quedé mirando fijamente la nieve que caía, hermosa, y que el lado derecho de mi cara se calentaba con el fuego de la chimenea a mi lado. El orador se paseaba de un lado a otro sosteniendo una Biblia abierta en una mano, su suave cubierta de cuero cubría los dos lados de su mano como un trapo. Sus botas mojadas dejaban huellas oscuras en el suelo de madera; tanto más cerca al fuego estaban sus huellas, más rápido desaparecían.

Su punto principal era que Dios estaba esperando a ver si estábamos lo suficientemente agradecidos con la crucifixión de Jesús para comenzar a vivir de una manera muy particular. La implicación era que Dios estaba esperando a ver si no usábamos malas palabras, o si no mentíamos en absoluto, ni escuchábamos música rock, ni teníamos ningún tipo de inclinación sexual hacia alguien del sexo opuesto antes de casarnos. Dios estaba esperando a ver si siempre estábamos alegres y nunca bebíamos alcohol ni éramos imprudentes. Solo así nos haríamos dignos del favor de Dios.

"¿Cómo vivirían", nos preguntó el hombre de la enorme Biblia y las botas mojadas "si realmente creyeran?"

Este tipo de enseñanza era estándar en los retiros de jóvenes cristianos en todo el país. El comportamiento "bueno" se igualaba a la piedad. Pero estando allí, distraída por las huellas que se evaporaban en el suelo de madera, seguí pensando en el calendario de María en la casa de Cassie y me pregunté si la madre de Jesús se consideraba "buena". Después de todo, ella se dejó convencer antes de casarse.

María casi no obtuvo ninguna mención en mi educación religiosa, aparte de nuestra burla hacia las personas (como los católicos romanos) que la "adoraban". Para nosotros, María era poco más que un personaje secundario en la historia de Cristo y darle más atención de la muy poca que le dábamos era avanzar peligrosamente hacia la idolatría católica. Claro, María podía ser admirada por su obediencia, pero sabíamos que no debíamos convertir a María en una especie de becerro de oro: aquello que los equivocados, los perdidos y los ignorantes adoran en lugar de Dios.

Ahora me doy cuenta de que una ventaja fabulosa para observar el año litúrgico de la iglesia es que nos echa a María en cara cada diciembre y enero. Ella no será ignorada. Lo que pienso que es increíble. Cuando la vi en la casa de Cassie, en el calendario de Adviento y en las pinturas y pequeñas estatuas, supe que la quería, que quería su fuerza y belleza. Y tal vez como una resguardada atracción de una adolescente hacia alguien de su mismo sexo, la reprimí y la olvidé lo mejor que pude. Después de esa noche de ser sacudida por la María de Cassie no volví a retomar mi amor por la Virgen sino hasta los veinte años, cuando dejé la Iglesia de Cristo y busqué sentido y comunidad en otros lugares. Así que cuando finalmente regresé a la fe cristiana, lo hice con pasión y devoción por María, lo que finalmente se demostró en las hebillas, tatuajes y medallones que colgaban del espejo retrovisor de mi auto.

Puede que yo haya encontrado inspiración en la forma de la Santísima Virgen María, pero al mirar alrededor en mi nuevo hogar luterano, me di cuenta que muchos protestantes de *sana doctrina* no saben realmente qué hacer con María. Es como si los católicos romanos la hubieran reservado para ellos, y nosotros solo estuviéramos ahí, a la espera, desempolvándola una vez al año para que sea la niña bonita en el pesebre, pero quitándola luego rápidamente, no sea que avergüence a alguien. Lo cual es triste porque hay muchas razones para amar a María.

Ella ha sido amada durante siglos por ser "buena", la imagen dócil de la pureza y la virginidad. De hecho, algunas doctrinas de la iglesia se han escrito para decir que a diferencia de otras mujeres, María nació sin pecado. Lo que, por supuesto, implica que Dios nunca podría elegir hacer el hogar de Dios en el vientre de una mujer *real*, ya que sabemos que las mujeres reales son pecaminosas, tentadoras carnosas. Así que María tuvo que haber sido una persona peculiar, especial, realmente diferente a todas las demás vagabundas de por ahí. Y tuvo que haber sido, entonces, que su singularidad fue lo que realmente la destacó de entre las mujeres reales y la llevó a ganar el favor de Dios.

En contraste, María también ha sido amada por los izquierdistas en la iglesia como si fuera una especie de una Che Guevara adolescente del primer siglo, ya que en Lucas 1 canta el *Magnificat*, una canción que incluye imágenes de Dios derrocando el orden social, alimentando a los hambrientos, y despidiendo a los ricos con las manos vacías. Me gusta esta imagen de María como revolucionaria política incluso, aunque estoy segura de que es un tanto inexacta ya que la madre del Príncipe de Paz no sería una guerrillera con una pistola atada a su pierna y un

Kalashnikov en sus brazos benditos.

Otras personas que no se sienten atraídas por la religión, o quienes, como los ateos, le tienen repulsión, parecen molestos por la irracionalidad del asunto. Para ellos, María, y especialmente el nacimiento de la Virgen, es un cuento de hadas para los crédulos, algo que las personas ignorantes creen porque no han aprendido a usar la razón humana ni a escuchar estaciones inteligentes como la NPR tanto como deberían.

Simplemente no me satisface ninguna de los anteriores. Pero quiero una manera de ver a María, e incluso la historia de la Navidad, sin sentimentalismos ni cinismos.

Así que... he aquí una niña, probablemente entre los trece y los quince años de edad. Ella es una campesina y está comprometida con un tipo muy religioso. Una figura angélica la visita y le dice que ha encontrado el favor de Dios y que va a concebir un hijo por medio del Espíritu Santo y que ese niño será santo y se sentará en el trono de David, nada de lo cual parece muy probable que sea verdad, dado su estatus socioeconómico.

Cuando pensamos en la Anunciación, la escena entre el ángel Gabriel y María, y cómo el tal ángel le cuenta esas cosas extravagantes, pensamos en la fe que la llevó a ella a creer que el Espíritu Santo realmente la preñaría y que su hijo, la criatura ilegítima de una niña insegura, realmente tendría un trono y un reino. Pero me pregunto: si yo hubiera estado en su lugar, ¿qué sería para mí lo más difícil? ¿Creer la parte en la que Dios me deja embarazada, y que así yo pueda dar a luz a un rey? ¿O la parte en la que el ángel dijo que Dios me favorecía? Lo que quiero decir es que si un ángel se me acerca y me dice: "Saludos, favorecida", yo le diría, "diste con la chica equivocada". No hay forma de que yo pueda confiar en que el ángel se refiere a mí. Les cuento que nunca he logrado que mi vida *tenga el aspecto* que el ministro de jóvenes dijo que debería tener para ganarme el favor de Dios.

"*¿Cómo vivirían si realmente creyeran?*" dijo el hombre de la Biblia. Cuando tenía doce años, yo creía. Al menos pensé que creía, pero no importaba cuánto lo intentara, nunca parecía poder convertirme en algo que fuera digno del favor de Dios. Tal vez si tuviera una personalidad más naturalmente predispuesta a una vida limpia y a una lengua limpia y a un pensamiento limpio, podría lograrlo, pero como era, yo no podía ser más que yo y todas las culpas en el mundo, reales o falsas, no parecían nunca cambiar eso. En lugar de prestarle atención a eso, me concentré en la nieve y en el calor en mi mejilla. Me desconecté del pastor de jóvenes con botas mojadas que predicaba sobre cómo debería verse mi vida. Porque simplemente yo no tenía el coraje para un sí, a lo que parecía ser el *tal vez* condicional de Dios hacia mí.

Pero aquí es donde María muestra sus recursos reales. Ella escuchó cosas escandalosas de un ángel y dijo: "Que él haga conmigo como me has dicho" (Lucas 1:38). María confió en la palabra del ángel, diciéndole que era favorecida. Y tal vez esa confianza fue lo que la hizo favorecida. No conocemos los detalles de su vida, pero me gusta pensar que ella era una chica normal con todas las luchas e inconsistencias que conlleva ser una chica normal. Quizás el acto de fe realmente estrafalario por parte de María fue confiar en que había encontrado el favor de Dios. Puede que me acostumbre a la idea de que si vivo cierto tipo de vida puedo hacerme digna de Dios. Pero, ¿y si la Palabra de Dios es mucho más poderosa que nuestra capacidad para ser dignos de Dios? Lo que quiero decir, y no es por nada, es que si Dios puede crear el universo diciéndole mediante su palabra que exista, creo entonces que Dios puede convertirnos en los amados de Dios simplemente diciendo que así es, que lo somos. Esto, me parece, es un milagro vital que se pasa por alto de la historia de la Anunciación.

No tenemos idea de cómo era María antes de que el ángel la visitara, pero esto es lo que pienso: dudo seriamente que se haya convertido en una chica a la que Dios podría favorecer porque ella haya consultado a su joven rabino y vivido de la manera en que se le instruyó que viviera. Si encontramos un indicio en la forma en que Dios parece favorecer a las prostitutas, a los recaudadores de impuestos y a los reyes adúlteros sobre los presumidos, los justos y los poderosos, creo que podemos suponer que la naturaleza de Dios consiste en que Dios mira a las jóvenes campesinas con favor. Porque Dios es así. Al menos así es como vemos a Dios actuando consistentemente en la Biblia.

Lo que el ministro de jóvenes en el retiro preguntaba esencialmente era cuán "buenos" seríamos si nos sintiéramos lo suficientemente malos por el punto al que Dios tuvo que llegar hasta matar a Jesús por esa maldad. Pero no me di cuenta de eso hasta que Stephen, mi feligrés, dijo algo años más tarde.

Stephen se ve como una estrella de cine ya entrada en años, es el vicepresidente de una compañía que aparece en la lista de *Fortune 500*, es un funcionario elegido a un organismo estatal, vive en un *loft* del centro de la ciudad y sigue lidiando con líos serios relacionados con problemas de baja autoestima. Yo había predicado recientemente un sermón sobre el amor de Dios, y días más tarde esa misma semana, cuando Stephen y yo estábamos en el sótano de una cafetería local, dijo: "¡*Man*, me pregunto cómo sería mi vida si realmente creyera todo eso! ¿Cómo sería de diferente mi vida si no estuviera asustado, si realmente creyera que soy amado por Dios por completo?" Luego agregó: "No es de extrañar que tengamos liturgia y celebremos la Eucaristía cada semana. Tengo que escuchar esto al menos con esa frecuencia".

Cuando Stephen preguntó: "¿Cómo sería de diferente mi vida si no estuviera asustado, si realmente creyera que soy amado?" me recordó la pregunta similar, pero completamente diferente del pastor de jóvenes. Una pregunta tenía que ver con confiar en el amor de Dios; la otra tenía que ver con tratar de ser dignos del amor de Dios.

Hay una razón por la que María está en todas partes. He visto su imagen en todo el mundo, en los cafés de Estambul, en las mochilas de los estudiantes de Escocia, en un puesto del mercado en Yakarta, pero no creo que su imagen esté en todas partes porque es un recordatorio para ser obediente, y no creo tampoco que tenga que ver con la revolución social. Las imágenes de María nos recuerdan el favor de Dios. María es como nos veríamos si lográramos creer que ya somos lo que Dios dice que somos.

8

La Matanza de los Santos Inocentes de la Escuela de Sandy Hook

Cuando llegaron a la casa, vieron al niño con María, su madre; y postrándose lo adoraron. Abrieron sus cofres y le presentaron como regalos oro, incienso y mirra. Entonces, advertidos en sueños de que no volvieran a Herodes, regresaron a su tierra por otro camino...

Cuando Herodes se dio cuenta de que los sabios se habían burlado de él, se enfureció y mandó matar a todos los niños menores de dos años en Belén y en sus alrededores, de acuerdo con el tiempo que había averiguado de los sabios.

— MATEO 2:11-12,16

Para la semana de Navidad 2012 yo había tratado de seguir el plan que indicaba que en el primer domingo después de la Navidad celebraríamos lo que se llama "el Servicio de Lecciones y Villancicos" (en el que no hay sermón), o -lo que me gusta llamar- "el descanso dominical post navidad para la pastora". Muchos de nuestros parroquianos habituales están fuera de la ciudad o simplemente muy cansados de tanta iglesia después del alboroto de Adviento y Navidad y así, el domingo después de Navidad, cantamos villancicos y leemos el leccionario y no tengo que predicar y mi congregación no tiene que escucharme. Es un gran plan. A no ser que un montón de niños hayan sido asesinados en su escuela primaria en Newtown, Connecticut, once días antes de Navidad, y nadie sepa qué pensar o qué hacer o qué decir, y vengan a la iglesia con la esperanza de al menos saber cómo orar. En un momento como ese, a pesar de la necesidad que una predicadora pueda tener de tomarse un tiempo de descanso, esa predicadora tiene que predicar.

Así entonces, cuando nos reunimos en lo que parecía una misa solemne post navideña, renegué un poco narrándoles a los feligreses una historia sobre cómo en una de las parroquias que mi esposo, Matthew, pastoreaba armaban un pesebre real, con actores de carne y hueso durante cada temporada de Adviento. Los miembros de la congregación se turnaban para vestirse como María, José, pastores, y ángeles y creaban un pequeño pesebre en el estacionamiento de la iglesia de tal manera que la gente del vecindario podía pasar y ver animales vivos pasando el tiempo cerca de un comedero donde descansaba una muñeca. Por lo general, hace mucho frío en diciembre en Colorado, por lo que los turnos que se toman los actores duran solo 20 minutos para que otra María u otro José entren en escena en reemplazo de los anteriores luchando contra el viento y el frío. Una vez yo estaba ahí ayudando a los voluntarios a vestirse para su turno actoral cuando entró un niño de siete años que regresaba de sus 20 minutos luciendo todavía su disfraz. Le pregunté si le había gustado ser pastor en el pesebre.

"Estuvo bien", respondió, "pero el año que viene creo que quiero ser un pirata". Ya sabes, el pirata que estuvo en el nacimiento de nuestro Señor.

Lo cual, por supuesto, es absurdo, ¿pero es que acaso un pirata puede ser más absurdo que el tamborilero? Yo he dado a luz a dos hijos, y en lugares mucho más cómodos que un pesebre, por lo que puedo decir con certeza que lo último que María hubiera querido en su sala de parto era un niño aporreando su tambor. No importa si incluso él estuviera tocando lo "mejor" para ella. *¡Echen a ese pendejo con su puto tambor fuera de aquí antes de se me dé por lastimar a alguien!*

Un baterista en el nacimiento de Jesús es el ejemplo perfecto de lo que mi amiga Debbie Blue llama las cosas raras que se cuelan en los pesebres[1]. Como cuando, junto con las ovejas y las cabras, ocasionalmente ves un cerdo en una de esas escenas, como si hubiera cerdos en el nacimiento de nuestro muy judío Señor. O esas que incluyen un pequeño piadoso Papá Noel arrodillado en el pesebre. Todo lo cual hace que me entren ganas de convertirme a una fe menos extraña, como la Davidiana, de Waco Texas.

Me estoy volviendo bastante impaciente con las versiones navideñas ridículamente comerciales que no tienen base en el texto bíblico. Así que en medio de la confusión tratando de entender lo que una predicadora podría decir acerca de los niños que son sacrificados en sus salones de clase en Navidad, me desesperé escuchando la música sentimental navideña que todavía sonaba en las tiendas, y me pregunté, ¿cómo hizo la Navidad para pasar de lo que fue originalmente –una historia de alienación, tiranía política, falta de vivienda, gente de clase obrera, paganos, y ángeles- a convertirse en sellos comerciales del engaño tipo *Channel, Precious Moments*, el delirio de Norman Rockwell? No sabía cómo responderme, pero sospechaba que ciertas canciones tenían, hasta cierto punto, la culpa. Y odiar las canciones navideñas es, como, bah! como odiar lo que aprendí en la universidad, así que me fui lanza en mano contra toda esa comercialización, porque no tenía ni idea de lo que debía decir acerca de lo demás.

Si saliera a preguntarle a cien personas *quiénes* fueron los que le llevaron regalos al niño Jesús, *cuántas* personas estuvieron allí en ese momento, *de dónde* eran, y a *qué lugar* habían llevado sus regalos… inevitablemente todos responderían, "Bueno, tres reyes de Oriente le trajeron regalos al bebé Jesús en el pesebre". Y la gente alrededor probablemente asentiría con sus cabezas diciendo: "Sí, eso es correcto". Tres

---

1. Debbie Blue, *Sensual Orthodoxy* (Saint Paul, MN: Cathedral Hill Press, 2003).

reyes de Oriente que le llevan regalos a Jesús en un pesebre es una historia encantadora, pero no es en realidad la que encontramos en la Biblia.

Una lectura más atenta de Mateo muestra que no tenemos idea de cuántos fueron los que llegaron en esa ocasión, y no sabemos desde qué distancia provenían del este. ¿Fue desde el Lejano Oriente? ¿Fue desde Nueva Jersey? Cuando encontraron al niño no entraron a un establo ni a un pesebre, sino a una casa. Y lo más importante a destacar, definitivamente no eran reyes. Eran magos, como los encantadores, no del tipo lindo que contratas para la fiesta de cumpleaños de tu hijo. Lo más probable es que fueran oportunistas, paganos, adivinos, lectores de cartas del tarot, astrólogos. Sin embargo, la historia los convirtió en reyes, tal vez porque la realidad de que eran magos es demasiado desagradable, ya que nadie realmente quiere que el adivino, ni la bruja vidente del circo con sus bufandas y bolas de cristal sean los primeros en descubrir el nacimiento de nuestro Señor.

Así que la historia se ha *embellecido* en una imagen idealizada de diplomacia multicultural. Esto es irónico: convertir a los Magos en Reyes, como si les hiciéramos un gran favor cuando, honestamente, todo en la historia de Mateo sobre el nacimiento de Jesús es decididamente anti-rey. ¡Ajá! sí, cómo no, *hay* un rey en ese texto, pero es Herodes: un troglodita intrigante, asustado, inseguro que le puso precio a la cabeza de un niño pequeño. Eso es lo que este texto tiene para decir sobre los reyes. Convertir a los magos en reyes en nuestros villancicos representa claramente nuestra necesidad de limpiar un poco la historia.

Pero la historia de la Epifanía que incluye a Herodes y al infanticidio revela un Dios que entró en nuestro mundo tal como existe en realidad, y no como el mundo que nosotros a menudo desearíamos que fuera. El amor de Dios es demasiado puro para entrar en un mundo que no existe, aunque a menudo es así como tratamos a Jesús, como si quisiéramos protegerlo de la realidad. A menudo nos comportamos como si Jesús estuviera únicamente interesado en salvar y amar una versión romántica de nosotros mismos, o una versión idealizada del desorden en que hemos convertido nuestro mundo, y por eso le ofrecemos una de las mejores versiones que tenemos de nosotros. Luciendo nuestros zapatos domingueros entonamos canciones sobre reyes y tamborileros en su nacimiento, tal vez para poder escapar del Herodes en nosotros y en el mundo que nos rodea.

Pero perdemos la trama si usamos la religión como el lugar donde escapamos de las realidades difíciles en lugar de tenerla como el lugar en el que esas realidades difíciles tienen un significado. Es como si estuvieran atrapados en un túnel del metro durante un apagón repentino. Pueden responder al miedo y a la oscuridad ya sea utilizando la batería restante en su teléfono celular para entretenerse con *Candy Crush*, o activando la linterna en ese teléfono para ver a otros y a la situación alrededor, y tal vez incluso caminar hacia una fuente de luz más confiable y poderosa que la linterna del celular. La religión puede ser una forma de ocultar, adormecer o incluso entretener, como un *Candy Crush* espiritual, ya sea a través de la suavidad reconfortante y la previsibilidad del protestantismo clásico o a través del levantamiento temporal de manos y espíritus en la adoración evangélica. Claro que hay muchas maneras de fingir que la mierda no ha volado en nuestro ventilador interior ni en el del mundo, pero la religión escapista es una opción clásica, y las iglesias parecen haberse convertido en lugares donde tenemos infinitas oportunidades para fingir que todo está bien.

Pero la iglesia no se pensó nunca para que fuera un lugar para el escapismo. La iglesia puede y debe ser un lugar donde nos sumerjamos en las turbulencias de las verdades difíciles. Después de todo, nosotros vivimos en un mundo en el que, en 2012, once días antes de la Navidad, Adam Lanza entró a la escuela primaria Sandy Hook y masacró a niños inocentes. En medio de lo que se suponía que era la "temporada navideña", los niños tamborileros y las luces parpadeantes y la música alegre de repente estaban fuera de lugar. Antes que estar inmersos en un acogedor estado de "ánimo navideño", nos vimos preguntándonos: "¿dónde diablos está Dios?"

Cuando nos encontramos en un mundo en el que vemos imágenes en tiempo real del sufrimiento humano como el de los padres corriendo a través de la cinta policial amarilla de "No Pasar" en las afueras de una escuela primaria, sus caras surcadas por el pánico primitivo sin saber si su hijo, su niña, está vivo, o muerta a tiros, ¿podemos realmente permitirnos tanto sentimentalismo cristiano? Tal vez esas fotos con filtros que suavizan a las palomas que vuelan frente a cascadas, o esos versos inspiradores impresos en tazas de café, o las grabaciones sobreproducidas de música de alabanza ferviente no nos estén ayudando mucho. Me pregunto con frecuencia cómo podría responder Jesús a nuestra ignorancia de la realidad que favorece un idealismo emocional, pero sé con certeza que la iglesia y aquellos a quienes la iglesia podría servir no se benefician de ese mecanismo de escape. Mucho menos cuando vivimos en un mundo donde el sufrimiento es tan real como Herodes y BokoHaram y Sandy Hook, donde las personas anhelan algo que les ayude a comprender su sufrimiento. Pretender que todo está bien no ayuda a nadie.

Me encanta la temporada navideña. Me emociono cada vez que al fin encendemos las luces y sacamos el álbum de Navidad de Ella Fitzgerald (no contiene una versión de "El tamborilero") y nos disponemos a pasar más tiempo con la familia, pero la historia del nacimiento de Jesús tiene más que eso para ofrecernos. No estoy sugiriendo ahora que pongamos a Herodes en papel de regalo o que nos sentemos solemnemente en lugar de hacerlo con alegría frente a una crepitante chimenea navideña, pero *en lo que sí* creo es en que darle a la Matanza de los Inocentes su lugar junto a los ángeles y los pastores en nuestras iglesias puede ayudarnos a saber a dónde recurrir cuando un joven malvado mata a un grupo de niños mientras se sientan en su salón de clase. Las imágenes de Papá Noel arrodillado ante un pesebre son reconfortantes, quizá; pero no nos ayudan a entender el mundo tal como existe en realidad. La historia de la Navidad tiene tanto que ver con comodidad y alegría, como con cuán desordenado está nuestro mundo.

El riesgo que corremos si no conocemos la verdadera historia de Navidad, es que podemos empezar a pensar que el cristianismo, en general, solo ofrece galletas de azúcar y chocolate caliente y paz celestial, mientras que somos testigos de niños que son sacrificados en sus aulas. Lo que es deprimente del analfabetismo o abandono bíblico en torno a la historia de la Navidad no es que sin parpadear pongamos juntos a los pastores y los magos en el pesebre (personajes de dos relatos totalmente diferentes, separadas por años), sino que no pensemos en Herodes para ponerlo allí también.

Podemos estar acostumbrados a escuchar a algunos cristianos decir: "mantengamos a Cristo en la Navidad", pero mi amiga Joy Carroll Wallis escribió un ensayo titulado "Manteniendo a Herodes en la Navidad", y debo decir que estoy con ella, porque el mundo en el que nació Cristo ciertamente no era una pintura de Norman Rockwell. El mundo nunca ha sido ese mundo. Dios no entró al mundo de nuestra nostálgica "noche de paz, noche de amor, todo duerme en derredor", ni a la realidad suspendida de una navidad cubierta de nieve, paz en la tierra. Dios se deslizó en la vulnerabilidad de nuestra piel y entró en nuestro mundo violento e inquietante. *Esta* historia de Navidad, la de Herodes, la Matanza de los Inocentes, es parte de la Navidad y de la Epifanía tanto como los pastores y los ángeles.

Así que, el sábado anterior al domingo en que nos reuniríamos para escuchar las nueve lecciones que tradicionalmente se leen en el Servicio de Lecciones y Villancicos, le dije a Alex, mi nuevo pasante: "Estamos agregando una lectura esta noche: La Matanza de los Inocentes". Si alguien me hubiera dicho antes que Alex llegara a *La Casa*, que un joven gay con "el don espiritual de la alegría" vendría a hacer su pasantía bajo mi supervisión, yo habría pedido rápidamente un reemplazo. Pero Alex tiene una increíble habilidad para hacerme reír cuando me pongo demasiado cascarrabias e intensa. Y lo amo por eso. Él también, a decir verdad, realmente cree en Jesús – un *plus* mayúsculo en mi libro.

"Durante las oraciones de la gente", le dije, "vamos a leer los nombres de los 26 maestros y niños que murieron, y tal vez sus edades. Vamos a tocar una campana tras cada nombre". Se me había acabado de ocurrir la idea y quería saber lo que pensaba.

"Creo que quieres decir 27", respondió.

"No entendí, ¿qué dijiste?" pregunté.

"Adam Lanza. El asesino. Murió también".

"No, no, no. Jamás", dije sin siquiera pensar en ello.

"¡Eh! ¿Nadia?"

Alex no tuvo que decir nada más. Yo sabía que él tenía razón.

El otro aspecto de la historia del nacimiento de Jesús es que, como lo narra el evangelio de Juan, una luz brilla en la oscuridad, y la oscuridad no la puede vencer. Sí, Dios eligió entrar en un momento tan violento y falto de fe como el nuestro. Pero lo otro que debemos confesar es que la luz de Cristo no puede, no podrá, jamás ser vencida por esa oscuridad. No por la de Herodes, ni por la de Adam Lanza. La luz de Cristo es tan brillante que me ilumina, sí incluso a mí y también a ellos. (Aun así, Alex fue un poco malparido. Me puso frente a la verdad de mí misma y la verdad del amor de Dios en lugar de solo haberme hecho reír, lo cual realmente hubiera preferido. Muchas gracias).

Finalmente me rendí. "Bien" dije, "pero dejando constancia de mi oposición a la gracia de Dios".

"Estoy seguro de que Dios está muy adolorido por eso", respondió Alex. Eso estuvo mejor.

Dos días después, de pie frente a la congregación, Alex solemnemente tocó una campana por cada uno de los nombres de los maestros y los niños que habían muerto. Nombres que, como los de los santos César Chávez y Alma White, habían sido iluminados por la luz del imperfecto cirio pascual.

"Charlotte Bacon, seis". Sonido de campana.

"Daniel Barden, siete". Otra campana.

"Olivia Engel, seis…" La vibración de cada campana se sentía como si estuvieran sacudiendo mi interior con tanta fuerza que las imágenes de cada niño en edad escolar que yo conocía llenaron mi mente y con cada golpe de campana los vi tirados en el piso de un salón de clase.

No pude leer de inmediato el nombre final porque me tomó un minuto echar mano a lo profundo de mis convicciones teológicas para poder encontrar la misericordia para hacerlo. Yo me había enfocado tan intensamente en decir la verdad sobre el tipo de mundo al que Dios había entrado y cuán violento e indolente era ese mundo, cuán similar al nuestro, que había olvidado decir en mi sermón *por qué* Dios entró en él.

Si yo no podía tampoco decir la verdad de que Dios vino a salvar*nos*, a todos nosotros, que Dios nos creó a la imagen de Dios, y que las vidas que preferimos extinguir siguen siendo preciosas para su creador, y que la Estrella que iluminó tan claramente el camino para que los Magos encontraran al niño Cristo brilló para ellos, y para Herodes, y para mí, y para Charlotte Bacon, y para Adam Lanza, entonces realmente no tenía por qué ser una predicadora ese día. Así que cavé en lo más hondo para hablar la verdad de Dios.

"Y en obediencia a tu mandamiento de amar al enemigo y orar por los nos persiguen"-mi voz se quebró como si el coraje se me estuviera escurriendo- "Adam Lanza, veinte".

Sonó la campana final.

En verdad es justo y necesario
es nuestro deber y nuestro gozo,
que alabemos al Dios invisible
a su Hijo único, Jesucristo nuestro Señor;
quien, por su sangre preciosa,
 nos redimió de la esclavitud del pecado antiguo.
Pues esta es, en verdad,
 la Fiesta Pascual en la que el Cordero
es inmolado,
por cuya sangre los portales de los fieles son hechos
 santos.

9

Frances

Tan pronto como desembarcó Jesús, un hombre poseído por un espíritu maligno le salió al encuentro de entre los sepulcros. Este hombre vivía en los sepulcros, y ya nadie podía sujetarlo, ni siquiera con cadenas. Muchas veces lo habían atado con cadenas y grilletes, pero él los destrozaba, y nadie tenía fuerza para dominarlo. Noche y día andaba por los sepulcros y por las colinas, gritando y golpeándose con piedras. Cuando vio a Jesús desde lejos, corrió y se postró delante de él. -¿Por qué te entrometes, Jesús, Hijo del Dios Altísimo? —gritó con fuerza—. ¡Te ruego por Dios que no me atormentes! Es que Jesús le había dicho: «¡Sal de este hombre, espíritu maligno!» -¿Cómo te llamas? —le preguntó Jesús. —Me llamo Legión —respondió—, porque somos muchos-. Y con insistencia le suplicaba a Jesús que no los expulsara de aquella región. Como en una colina estaba paciendo una manada de muchos cerdos, los demonios le rogaron a Jesús: -Mándanos a los cerdos; déjanos entrar en ellos. Así que él les dio permiso. Cuando los espíritus malignos salieron del hombre, entraron en los cerdos, que eran unos dos mil, y la manada se precipitó al lago por el despeñadero y allí se ahogó. Los que cuidaban los cerdos salieron huyendo y dieron la noticia en el pueblo y por los campos, y la gente fue a ver lo que había pasado. Llegaron a donde estaba Jesús y, cuando vieron al que había estado poseído por la legión de demonios, sentado, vestido y en su sano juicio, tuvieron miedo. Los que habían presenciado estos hechos le contaron a la gente lo que había sucedido con el endemoniado y con los cerdos. Entonces la gente comenzó a suplicarle a Jesús que se fuera de la región.

– MARCOS 5:2-17

Mi amiga Heather, pastora de la Iglesia Unida de Cristo, publicó esta pregunta en mi muro de Facebook la semana en que el texto del evangelio correspondía a esa asombrosamente extraña historia de Jesús expulsando una legión de demonios de un tipo desnudo para que entraran en una manada de cerdos; cerdos que luego se arrojaron de un acantilado y se ahogaron en un lago:

> Querida Pastora Nadia, ¿cómo puedo embarcarme con Jesús cuando toda esa cantidad de carne de cerdo se desperdició?
> -Firmado, una cristiana amante del tocino.

Heather es una de mis mejores amigas, aunque se las arregla para usar tacones y lucir elegante y, con todo, ser una mujer del clero y madre de dos niños pequeños. Ella me hace reír y se preocupa por mi corazón y la amo.

Esta fue la respuesta que publiqué:

> Querida cristiana amante del tocino, ¿no será, supongo yo, que esto significa que la historia de los cerdos poseídos por demonios que se arrojan de un acantilado y se ahogan en un lago es una que puede unir a los veganos y a los amantes del tocino?

No siempre sé qué hacer con los textos sobre demonios en la Biblia. Especialmente cuando esos demonios hablan y tienen nombres. A menudo me pregunto si, en tiempos bíblicos, la gente tenía cosas como la epilepsia o enfermedades mentales, pero no tenían las explicaciones que la medicina moderna y la psicología proporcionan, como lo hacemos nosotros, así que llamaban a todo "posesión demoníaca". O si tal vez realmente por ese entonces había demonios poseyendo gente, pero que, como la polio y la viruela, fueron erradicados en los tiempos modernos, así que ya no es algo que tengamos a nuestro alrededor. O quizás en realidad, todavía *tenemos* demonios hoy en día y nos resulta más cómodo utilizar términos médicos y científicos para describir las cosas que nos poseen. Sinceramente no lo sé.

Pero sí sé que, así como yo, muchos de mis feligreses sufren de adicciones y compulsiones y depresión. Yo sé que a veces las cosas nos atrapan, nos impulsan a hacer cosas que no queremos o nos hacen pensar que amamos ciertas cosas (sustancias, personas, etc.) que son realmente destructoras. Así que tal vez si eso es lo que en parte es tener un demonio, tal vez implica ser tomado por algo dañino, entonces la posesión demoníaca es realmente no tanto un anacronismo sino más bien una epidemia. Pero, ¿que esas cosas destructivas que nos poseen pueden realmente hablar y tener nombres? Eso es simplemente jodido.

Como escribí en *Pastrix*, yo, como cualquier protestante buena de clase media, tiendo a mirar arrogantemente desde lo alto de mi nariz teológica a todo ese discurso de la posesión demoníaca como un sinsentido de culebrero, como si fuera el equivalente espiritual vergonzoso de un rally de tractocamiones de 36 ruedas. Mi resistencia a la idea de que existan demonios me estaba funcionando realmente bien la semana en que leemos el texto de los cerdos del lago. Me inquietaban las personas que hablan de espíritus malignos y demonios como si fueran seres en todo el rigor de la palabra, hasta que recordé que, en un momento de mi vida, mi propia depresión se sentía tan presente, como si fuera un personaje en mi vida, que en realidad lo correcto hubiera sido haber pasado directamente a la etapa de darle un nombre. Le puse a mi depresión el nombre de Frances porque ella se vino a vivir conmigo por los mismos días en que nació Frances Bean, la hija de Courtney Love y Kurt Cobain. Pero yo imagino a *mi* Frances como Courtney Love: demacrada en su camisón desgarrado de estilo antiguo y lápiz labial manchado.

Frances se detuvo por primera vez en mi adolescencia y a principios de los veinte, pero por entonces fue descartada por mi familia con el rótulo "estado de ánimo malhumorado". Más tarde, cuando me encontré con que me gustaban las mismas cosas que le gustaban a Frances -alcohol, novios emocionalmente inestables, autodestrucción- ella finalmente se mudó a mi apartamento y lo convirtió en Desierto.

Ella era una compañera de cuarto terrible. Frances mantenía sucio el lugar y siempre me decía cosas devastadoras sobre mí misma. Cuando ella vivió conmigo, yo ya no podía hacer las cosas más simples, como recordar si me había duchado o había hecho las compras del mercado. Yo me quedaba un rato largo mirando la sección de lácteos incapaz de decidir que yogur comprar, y veinte minutos después simplemente salía de la tienda con las manos vacías y muerta de hambre. Frances me distraía tanto que me olvidaba de comer. Cuatro o cinco meses después, cuando mi ropa me quedaba ya dos tallas más grandes, mis padres empezaron a preocuparse. Un día mi madre, Peggy, se dio cuenta de que Frances era mi problema y me sugirió que fuera a hablar con una buena señora terapeuta sobre cómo desalojarla.

Es una enemiga un tanto torpe, esta Frances de la que les hablo, pero resulta que hay una droga que a ella no le gusta. Se llama Wellbutrin. Dos semanas después que mi terapeuta me la prescribió, la puta esa se había ido.

Pero no para siempre. Ahora, veinte años más tarde, ella todavía sabe cómo encontrarme y a veces aparece sin previo aviso y se queda un par de días, aunque ahora estoy en tantas cosas que ella odia: la sobriedad, el ejercicio, la comunidad, comiendo bien, y por supuesto, Jesús. Así que, dada mi historia con Frances, tal vez los demonios con sus nombres propios y gritándole cosas a Jesús no son tan extraños para mí después de todo.

Cuando el rabioso endemoniado en Marcos conoció a Jesús en

el barco, sus demonios se asustaron, y fueron sus demonios y no el hombre quien habló, diciendo: "¿Qué tienes que hacer conmigo, Jesús, Hijo del Dios Altísimo?"

Es raro, pero de todos los personajes en los evangelios con los que Jesús se encuentra, los que mejor saben quién es él no son las autoridades religiosas ni siquiera sus propios discípulos. Son los demonios. Los demonios siempre reconocen la autoridad de Jesús. Y los demonios tienen miedo.

Así que empecé a preguntarme: si Jesús remara su bote mientras yo estaba en la angustia de otra situación complicada de convivencia con mi demonio Frances, y yo le preguntara a Jesús: "¿Qué tienes que ver conmigo, Jesús, Hijo del Altísimo?" Jesús diría, "¿Oh, yo? Yo no tengo nada que ver contigo?" Por supuesto que no. Por eso los demonios tienen miedo. Porque Jesús siempre tiene algo que ver con ellos.

Que es exactamente la razón por la que nuestros demonios tratan de alejarnos de las personas que nos recuerdan cuán amados somos. Nuestros demonios no quieren tener nada que ver con el amor de Dios en Cristo Jesús porque él amenaza con destruirlos, y por eso tratan de aislarnos y decirnos que no somos dignos de ser llamados hijos de Dios. Y esas son mentiras que Jesús no tolera.

Tal vez mi demonio de la ira sabe que es mejor que se mantenga lejos del evangelio, no sea que yo termine perdonando algún imbécil al que realmente quiero golpear en la garganta. Tal vez tu demonio de inercia sabe que es mejor evitar a Jesús, no sea que expulsado acantilado abajo tú empieces a mostrarte en plena vida. Tal vez tu demonio de gula compulsiva sabe cerrar sus oídos a la palabra amorosa de Jesús, no sea que termine ahogándose en el lago mientras tú, completamente vestida, luciendo tu figura sana estás sentada a los pies de Jesús. Tal vez mi demonio de siempre, siempre, siempre tener que demostrar que valgo le tiene miedo a Jesús ya que si tuviera que escuchar a Jesús y no al demonio, yo podría comenzar realmente a creer que ya soy lo suficientemente buena y entonces tendría que dejar de sobreactuar en toda situación.

La descripción del endemoniado gadareno es la de alguien que está completamente aislado, fuera de control y solo y en dolor. Y si estar fuera de control y solo y en dolor era lo que el demonio quería, entonces tiene sentido completo que el demonio temiera a Jesús. Porque en estos textos de sanación, Jesús no solo cura las enfermedades y expulsa a sus demonios para luego decir: "Misión cumplida". Él siempre está buscando algo más que eso porque la curación nunca se logra completamente hasta que no se haya dado una restauración a la comunidad. Las personas se curan de la enfermedad y luego él les dice a las personas que están de pie, mirando, que les den algo de comer. El hijo de la viuda es resucitado de entre los muertos y Jesús luego lo devuelve a su madre. Y aquí se le dice al hombre que ha sido sanado de los demonios que se quede con su gente para que vaya y hable de lo que Dios ha hecho. En los asuntos de Jesús, la comunidad siempre es parte de la curación. Eso a pesar de que la comunidad nunca es perfecta.

Cuando la gente del pueblo vio que el hombre ya no tenía demonios y que estaba vestido y en su sano juicio y sentado a los pies de Jesús, ellos no lo celebraron exactamente. En cambio, fueron poseídos por sus propios demonios. El texto nos dice que al ver esto, fueron atrapados por el miedo y le rogaron a Jesús que abandonara su pueblo. Ustedes ya han visto ese tipo de cosas antes, ¿verdad? Como la familia que se vuelve distante cuando de repente dejas de odiarte, o los amigos que ya no llaman cuando te vuelves sobria, o cómo empecé a resentirme con el amigo que de repente se negó a seguirme contando chismes.

Así que, ¿son demoníacas aquellas fuerzas que son totalmente externas a nosotros y que buscan desafiar a Dios? ¿Son ellas solo el lado oscuro de nuestras propias almas? ¿Son construcciones sociales de una época premoderna? En pocas palabras: ¿A quién le importa? Yo no creo que los demonios sean algo que la razón humana pueda poner en evidencia. Ni que la fe humana pueda resolver. Solo sé que los demonios, ya sean adicciones o espíritus malignos reales, no son lo que Jesús quiere para nosotros, ya que básicamente, cada vez que los encuentra, les dice que se larguen.

La autoridad para enfrentar las cosas que nos mienten, para enfrentar las cosas que nos mantienen encadenados, para enfrentar las cosas que nos mantienen fuera de control, solitarios, en nuestro dolor y para hacerlas enojar en el nombre de Jesús es una autoridad que se nos ha dado a todos.

Incluso a los bebés.

Ya era hora de que la segunda liturgia comenzara en *La Casa*, y me quedé mirando el salón, ajetreado, sin ni siquiera estar segura de lo que estaba buscando, cuando vi a Melissa. Supe, entonces, que tenía que ser ella. Después que atrapé su mirada y le hice una señal, ella se levantó de su silla, la barriga primero, la espalda arqueada, empujando la silla con sus brazos, soportando el peso de su cuerpo en estado de gravidez. Ella salió de ese contorneo con una gracia que yo nunca hubiera podido manejar cuando estuve embarazada. Recordé cuando yo estaba en esa etapa avanzada de mi embarazo, que la mujer que trabajaba en Costco como impulsadora de un producto de crema enlatada de pescado de mar nos preguntó a Matthew y a mí: "Hola chicos, ¿quieren probar un poco de *clamchowder*?" ¿Ven? Ni siquiera pude lucir embarazada. Solo me veía como un hombre gordo. Ese recuerdo normalmente me ha hecho sonreír, pero no esta vez. No hoy, no ahora que he llegado tan lejos con mi ira.

"Cariño, ¿puedo robarte un minuto?" le dije a Melissa cuando ella llegó. Ella consintió y caminamos hacia el pasillo. La curiosidad brillaba en sus hermosos ojos marrones mientras se frotaba su enorme barriga y preguntó qué estaba pasando.

No había más escondites. "Honestamente, estoy tan enojada en este momento como para iniciar la liturgia" le dije. "¿Estarías dispuesta a orar por mí?"

No es nada elegante ser parte del clero y luchar con un problema de ira. Había estado bien durante la primera liturgia, pero entre entonces y ahora, habíamos tenido una breve reunión congregacional, durante la cual se dijo algo que me sacó de quicio. Gracias a que mi Dios es grande, lo manejé con calma e incluso con gracia en el momento, y me las arreglé para no sacarle las tripas verbalmente al feligrés ofensor durante nuestra reunión congregacional. Pero lo que no pude manejar fue mi cuerpo. No puedo controlar los químicos, cualesquiera que ellos sean, que circulan por mi cuerpo en esos momentos.

Puedo ir de cero a la mierda de locura en cuestión de nanosegundos. Es como un bolo veloz de adrenalina, cortisol y pecado -acelerador de la ira— que se lanza por mi torrente sanguíneo, haciendo que mi pecho y cuello se contraigan y mi cerebro se atasque en un punto de un único pensamiento. Ese fenómeno me hace entender por qué los exorcismos en la Biblia son siempre de naturaleza tan física. Estas cosas que me dominan nunca parecen estar aisladas de mi mente o corazón (tan culpables como son esos dos). La ira también es muy física. Y uno no puede dirigir una liturgia cálida y acogedora con la mandíbula apretada.

Me recuerda al niño que fue traído a Jesús con un espíritu que le impedía hablar. Cada vez que lo atrapaba, lo lanzaba al suelo donde hacía espuma y apretaba los dientes y se ponía rígido (Marcos 9: 17–18); una buena descripción de mí cuando alguien me saca de casillas.

Los discípulos no pudieron curar a este niño, ni expulsar ese demonio, pero Jesús sí pudo. Cuando preguntaron por qué Jesús tuvo éxito donde ellos habían fallado (una pregunta eternamente estúpida), él dijo: "Este tipo [de demonio] puede salir solamente a través de la oración"(versículo 29).

Es lo mismo con el mío. Excepto que esa noche mi demonio salió a través de la oración… y bebés.

Melissa y yo estuvimos en ese pasillo mientras ella recibía información –sin pausa ni juicio- de que su pastora estaba demasiado enojada como para llevar a cabo su trabajo. Melissa retiró sus manos de su vientre y me las ofreció para sostenerme.

Suena loco ahora, decir que yo necesitaba precisamente que una mujer embarazada orara por mí. Pero era eso lo que necesitaba. Necesitaba que alguien con una vida inocente en su carne, sacara con su oración el demonio de la mía porque a veces solo la belleza puede liberar la fealdad.

Pero también sabía que no podía ser cualquier mujer embarazada. Tenía que ser ella. Una trabajadora social de 26 años que aconseja a sobrevivientes de agresión sexual. Necesitaba a esta mujer que se desliza como si rodara sobre ruedas invisibles, una que se mueve impulsada por una fe aguerrida, decidida y práctica en la bondad amorosa que solo puede venir de ver su poder frente al mal. Ella me miró a través de su flequillo marrón y no dijo: "Oh Nadia, lamento que estés teniendo un día difícil, ¿qué pasó?" No. Ella simplemente tomó mis manos y me encomendó a su Señor.

"Dios, Nadia está en un mal lugar y la necesitamos de regreso. Tu gente necesita a su pastora. Rompe su corazón con el amor que le tenemos y libérala de lo que la ata".

Mientras oraba, algo de lo horrible me dejó, lo suficiente como para dar comienzo al servicio en la iglesia.

Durante el espacio abierto, los diez minutos de oración y reflexión que siguen al sermón, me fijé en una familia que había visto entrar en la iglesia con sus gemelas de cinco semanas. Caminé hacia ellos, mis brazos extendidos hacia una de las bebés como si fuera *Aquafina* en el desierto de Mojave.

"¿No hay problema?" pregunté.

"Por supuesto que no", dijo el padre.

Con la pequeña bebé en mis brazos, podría jurar que mi cerebro se había inmediatamente sumergido en oxitocina. Como un bautismo de neuroquímicos que hizo por mí lo que una conversación suave y una oración quieta no hubieran podido. Sostuve a esa bebé en un brazo y la miré, completamente perdida en el don pleno de lo que se me concedía.

Quizás esa liberación de neuroquímicos es lo que las personas buscan en las lindas imágenes de bebés y cachorros en Facebook. Pero, como dice el cómico Larry Miller (hablando de algo menos inocente), la diferencia entre sostener a un bebé y ver a un bebé en Facebook es la misma que hay entre disparar una bala y lanzar una bala.

Me tomó unos segundos darme cuenta de que los anuncios habían terminado y todos me miraban esperando que comenzara la siguiente parte de la liturgia. La verdad, yo no estaba lista para soltar la bebé. Para mí, en ese momento, la hermosa criatura y mi amiga Melissa eran Jesús remando su bote "¿Qué demonios tienes que hacer conmigo?" le espetó mi ira. Y a su toque, todas las toxinas salieron de mi cuerpo y fueron echadas fuera. Salieron despavoridas, tal vez en una piara suicida hacia algún lugar de Colorado, quién sabe, pero yo era libre. Le hice un gesto a su padre. "¿Puedo sostenerla un rato más?"

El asintió, y procedí a presidir la mesa con un brazo libre y con el otro meciendo a la niña. Con lo que sentí que había sido un cambio completo en mi química cerebral, mecía mientras cantaba.

En verdad es justo y necesario es nuestro deber y nuestro gozo, que alabemos con alegría en todo momento y en todos los lugares…

Más tarde, describí esta experiencia como "la bebé de la vida, la celebración que es para la sanidad del pueblo". Porque las cosas santas que necesitamos para nuestra sanidad y sustento son casi siempre las mismas que comúnmente tenemos justo frente a nuestros ojos.

10

Ataque de Pánico en Jericó

Cuando llegamos al Monasterio de la Tentación arriba de Jericó, yo ya les había preguntado a todas las veinte personas de mi grupo de viaje si alguien tenía Valium. Sí, ya sé, es una sustancia de venta controlada y yo soy una persona en recuperación, pero en ese momento sentía que era mi única esperanza, como si yo fuera un holograma de la Princesa Leia proyectado desde un *droide* y el medicamento contra la ansiedad fuera Obi-Wan.

Mis compañeros turistas acababan de pasar una hora observando el paisaje por las ventanas de nuestro autobús que pasaba de marrón a verde cuando entramos en el Valle de Fuego. Pero yo había pasado toda esa hora sin poder concentrarme en nada más que en el miedo mortal que le tengo a viajar por carreteras en la montaña. ¿Qué importa que tan cautivante pueda ser el paisaje cuando tu muerte inminente por un bus que cae rodando por uno de esos abismos está tan claramente a solo unos minutos de suceder? Llevábamos tan solo una hora de viaje en nuestro autobús turístico por una bajada empinada, de un solo carril —pero con tráfico en los dos sentidos—, carretera que (lo que nunca sería legal en Estados Unidos) ostentosamente carecía de suficientes barandillas pero abundaba en curvas cerradas que me mantuvieron en constante oración y maldición, oración y maldición, como un monje con el síndrome de Tourette.[1]

---

1. En Israel hay una carretera perfectamente segura, bien iluminada, que va de Belén a Jericó, pero nuestro guía, un luterano palestino llamado Hassam, nació, como el mismo Jesús, en Belén (donde reside) y, por lo tanto, porta el documento de identificación con el color incorrecta como para permitirse viajar por la carretera segura.

Yo me había embarcado en un viaje de dos semanas por la Tierra Santa con la esperanza de ver algunos de los lugares donde Jesús había estado, pero no imaginé invocarlo tanto en oración en un solo recorrido de autobús cerca de su lugar de nacimiento.

El camino aterrador que habíamos tomado para ir a Jericó desde Belén en Cisjordania era el mismo que tomaríamos de regreso, y, dado que casi había perdido la cabeza en el viaje de ida, sabía que la única forma en que podría sobrevivir el regreso era drogándome o quizá quedando inconsciente. Así que hice mi recorrido de persona en persona en el grupo, tratando de ver si alguien tenía algo que yo pudiera tomar para la ansiedad. Además, estaba tratando de hacerlo sin parecer demasiado patética. No. Nada. Al parecer, nadie más que yo en el grupo tenía problemas de ansiedad, así que las probabilidades de que yo no pareciera patética eran escasas.

Para muchos del grupo en Tierra Santa, todos ellos gente luterana realmente buena del Medio Oeste estadounidense, esta era la primera vez que yo les hablaba. Había estado manteniendo mi distancia desde que me uní al viaje cuatro días antes y pensé que era mejor seguir así. Había logrado, eso sí, conocer a otras personas en los sitios a los que íbamos, siendo amable con los que visitaban los mismos lugares religiosos o que comían en los mismos cafés. Yo era lo suficientemente amable con los extraños con los que sabía que estaría interactuando solo por unos pocos momentos, pero tenía demasiado miedo de arriesgarme a conectarme con alguien de mi propio grupo turístico. Uno tiene que prestarle atención a la gente si es que se quiere conectar con ellos, y temía que si prestaba demasiada atención, podría darme cuenta de que no me gustaban. Si eso sucediera, tendría entonces que gastar toda mi energía *fingiendo* que me gustaban, y no tendría la energía restante para evitar mirar por la ventana a mi aterradora vista a ojo de pájaro de la Tierra Santa.

Tiendo a mantener una política similar en los aviones (a menos que, por supuesto, la persona a mi lado tenga un flequillo rosa y un pequeño mensaje sarcástico del Todopoderoso). Normalmente me escondo en revistas y auriculares hasta el descenso, cuando finalmente decido ser amigable con la persona en el asiento de al lado. "¿Entonces estás volviendo a casa o saliendo de casa?" De esa manera, incluso si esa persona es incómoda o -peor- aburrida, la conversación dura diez minutos, como mucho. Así que tras cuatro días en el *tour* ahí estaba yo sin haber hecho conexión real con nadie.

Un mes antes y en estado de pánico, había llamado al Obispo Bruce, el guía turístico para este viaje a Israel y Palestina y también al amigo que me había ganado en la asamblea de la ELCA. Él y Cynthia, su esposa recientemente fallecida, habían liderado este viaje juntos por más de una década, y este era el primer año que lo haría solo. Puesto que yo lo había apoyado durante los últimos días de Cynthia, él estaba contento de que yo estuviera interesada en posiblemente unirme al *tour*.

"Bruce, ¿cómo te digo esto…? estoy preocupada por el viaje".

Bruce comenzó a explicarme paso por paso lo que es pasar por los puestos de control en Israel y me aseguró que Cisjordania es perfectamente segura.

Lo interrumpí en seco. "Lo siento, eso no es lo que quise decir. Me refería a estar con un grupo de gringos en un bus turístico durante dos semanas. Basta con que piense en eso para que se me vaya la respiración". Me sentía fuera de control con solo pensar en estar atrapada durante dos semanas con personas que podrían querer algo de mí como reírse de sus juegos de palabras o mirar las fotos de sus nietos.

"Nadia, si estás tratando de que yo diga que nadie en este viaje te molestará, me temo que me estás poniendo en la posición extraña de tener que mentir". Bruce no es alguien que se deje mimar. Me dijo que si necesitaba espacio, yo podría optar por no participar en uno o dos eventos, por lo que había considerado no ir a este viaje de un día de Belén a Jericó, pero sabía que no me arrepentiría de ir a ver el monasterio en el Monte de la Tentación y el paseo en el teleférico sobre Jericó, el asentamiento humano más antiguo que se conozca. Así que fui. Pero nadie me había dicho nada sobre el puto camino. Quizás debería haber dejado que Bruce terminara de contarme lo que es peligroso en

Cisjordania porque, dada la oportunidad, con toda seguridad habría mencionado lo de la carretera.

Cuando finalmente llegamos a Jericó y estábamos haciendo la fila para abordar la góndola que nos llevaría hasta el monasterio arriba en el acantilado, me fui por toda la fila hasta la parte de adelante preguntando si alguien tenía drogas, tratando de explicar despreocupadamente que yo sufría de una pequeña fobia que no estaba segura de poder enfrentar dos veces en un día.

"Sharon, ¿tienes Valium o algo así?" Me sorprendió que hubiera dado con su nombre correcto, pero aun así, el rostro amable de esta partera de Wisconsin en su edad mediana solo se limitó a ofrecerme el mismo gesto típico de la estadounidense del medio oeste, consiste en un mirada de preocupación sincera, una cabeza inclinada, un suspiro y un "lo siento" que ya había recibido de todos los demás a medida que me abría paso por el grupo. Uno por uno, todos parecían abatidos por no poder ayudarme. Pedirle algo a tanta gente comenzó a sentirse como si estuviera abriéndole una verdadera grieta a mi blindaje *mantengan-la-distancia-muchas gracias*, pero aun así, estoy segura que la respuesta fue de preocupación y amabilidad sinceras.

Cuando se dio cuenta de lo asustada que yo estaba de nuestro viaje de regreso, el esposo de Sharon, Mark, un pastor luterano que llevaba pantalones de color caqui con cremallera en las rodillas que le permitía convertirlo en pantalones cortos, me tomó del brazo y me dijo: "Te ayudaré a enfrentarte a tu fobia si tú me ayudas a enfrentar la mía". Con un gesto de su cabeza Mark apuntó hacia la góndola roja que acababa de descargar un grupo de hablantes alemanes y se alzó con un grupo de personas en camisetas azules de una iglesia en Kenia. "Alturas", dijo Mark con un tono que uno generalmente reserva para palabras como *leucemia* o *zombies*.

Yo no tengo ningún problema con las alturas, pero realmente lo sentía por él. El miedo a las cosas con las que otras personas no tienen ningún problema es simplemente embarazoso.

Terminamos en diferentes góndolas, Mark y yo, pero recé una oración por él mientras la mía se balanceaba de un lado a otro en lo alto del seco cielo Palestino.

Cuando nos elevamos en el aire el valle se nos ofreció a la vista —olivares, el verdor de la vegetación, suaves colinas— y llegó a mi mente una de las prostitutas más famosas en la Biblia; una que había vivido en ese valle. Rahab había ayudado a un par de espías israelitas. Ella los escondió cuando los espías andaban haciendo un trabajo de reconocimiento en preparación al ataque que Israel planeaba contra Jericó. En compensación por su hospitalidad y ayuda, Rahab y su familia fueron los únicos ciudadanos de Jericó que se libraron cuando los israelitas destruyeron la ciudad amurallada.

Me senté en mi góndola preguntándome si mi vista era similar a la que Rahab pudo haber tenido desde su casa, que, según se nos ha contado, estaba en las murallas de la ciudad. ¿Qué habría cambiado en este valle desde que Josué había librado la Batalla de Jericó? ¿Pudo ella haber mirado desde su ventana las rocas y las colinas y los olivares que yo veía ahora hundiéndose abajo a medida que el teleférico se elevaba hacia la montaña? Mientras ascendíamos pensaba en cómo pudo Dios haber enviado a una prostituta para que les ayudara a los espías hebreos quienes, gracias a su ayuda, y solamente a través de esa ayuda, conquistarían la ciudad y derribarían sus murallas. También me preguntaba: ¿no fue eso demasiado humillante para ellos? ¿Recibir ayuda de una puta? ¿No hubieran ellos podido hacerlo en sus propios términos o con la ayuda de alguien que pudieran haber escogido ellos mismos?

Cuando nuestra góndola llegó a la parte alta, varios de los de mi grupo y yo salimos junto con una extraña, una impecablemente vestida ya mayor mujer alemana, con una bufanda Gucci —viajando sola- que no lograba mantener su equilibrio.

"Qué tal si caminamos juntas", le pregunté mientras le ofrecía mi brazo y con mi cabeza le indicaba el sendero empinado de piedra de 500 metros de longitud que conducía a la entrada del monasterio. Las dos pasamos la siguiente hora caminando juntas, orando y hundiéndonos en la maravilla de esas edificaciones extraídas a la roca del acantilado por los cristianos bizantinos del siglo VI que querían escapar del mundo a su alrededor. Me preguntaba cuánto tiempo debió haberles tomado a los ocupantes originales y a los que los siguieron, que de igual manera, no querían nada más que los dejaran en paz, para darse cuenta que habían llevado todos los problemas de la sociedad con ellos en formas pequeñas, incluso minúsculas, dentro de sí mismos. Me pregunté si tenían la sensación aquella de dondequiera-que-vayas-ahí-vas-a-estar en el momento en que se estaban dando cuenta que no hay realmente un lugar en donde uno se pueda esconder de la mierda humana puesto que la llevamos donde quiera que podamos ir.

Habiendo evitado con éxito mi propio grupo en el monte del monasterio, me encontré en el viaje de regreso en una góndola llena no de turistas estadounidenses sino con cinco keniatas —su piel oscura y rica que contrastaba con las alegres playeras turquesas que usaban. Me senté, y cuando nuestra góndola comenzó a moverse, la mujer alta y hermosa a mi lado me agarró la rodilla con su mano temblorosa mientras luchaba por respirar.

Su amiga, que estaba sentada frente a nosotros, vio mi expresión aturdida. "Ella tiene miedo", dijo.

Sin pensarlo, puse mi mano izquierda en la mano temblorosa de la persona extraña aterrorizada y la froté con mi mano derecha.

"Está bien. Aquí estoy" dije. Y, después de experimentar nuestro entorno por cerca de una hora de reflexión, continué: "Si Dios puede derribar los muros de Jericó, Dios puede bajar esta góndola sin peligro. Tú estás bien. Yo estoy aquí". Sus amigas comenzaron a cantar himnos y yo seguí orando.

Ella mantuvo su cabeza gacha y su mano en mi rodilla y no tenía idea si ella hablaba inglés y si entendía lo que yo estaba diciendo, pero seguí diciéndolo. Tal vez ella nunca hubiera elegido una dama estadounidense llena de tatuajes para que fuera la persona que iría a satisfacer su necesidad, que estaría presente en su miedo y que rezara mientras ella luchaba por respirar. Pero los espías nunca pensaron que Rahab, nada menos que una prostituta, iría a ser la única que les iría a ayudar.

Algunas veces la ayuda viene de lugares inesperados.

En la parte de abajo el resto de mi grupo, que se había reunido para esperarme, nos vieron a las cinco keniatas y a mí abrazarnos cuando salimos de la góndola. Mi hermana keniana cuyo nombre nunca sabré finalmente soltó mi mano y levantó los brazos al cielo diciendo: "Alabado sea Jesús". Habíamos bajado juntas de la montaña. Pero ahora yo tenía que encarar el regreso en esa carretera sin contar con un medicamento para la ansiedad y sin perder la compostura y sin poder aplastar la rodilla de alguien con mi propia mano temblorosa.

Una vez, hace años, un grupo de mis amigos y yo estábamos sentados en el vestíbulo de un hotel después de habernos escapado de una reunión sin sentido de clérigos en una sala de conferencias. Alguien sugirió que hiciéramos una ronda para decir en voz alta el adjetivo que, si alguien lo usara para describirnos, sería absolutamente el peor. "Aburrido" confesó alguien; "fracaso" dijo otro. Cuando me llegó el turno no había lugar a equivocaciones. Me retorcí varias veces en el sillón del hotel, exageradamente colorido, antes de finalmente decir: "Necesitada".

Mi madre afirma que la primera vez que dije más de una palabra a la vez me salté las combinaciones en el conjunto de palabras y fui derecho a "Haz yo misma". Sí, cómo no, muchas gracias, lo haré yo misma. No quiero necesitar a nadie más. Después de años de terapia y métodos de doce pasos he llegado, por fin, a darme cuenta de que tratar de no necesitar a otros no se trata de fuerza e independencia. Es miedo. Permitirme necesitar a alguien más es exponerme a ser traicionada o parecer débil. No es que esta claridad que tengo de mi problema me ayuda alguna vez en el momento. Quiero "haz yo misma". Quiero tomar mis propias decisiones y no estar en deuda con un grupo turístico, y quiero que todos entiendan que soy tan fuerte como el infierno, lo cual es cada vez más difícil de lograr cuando acabas de preguntarles a todos si tienen Valium y ellos han dicho que no, ni saben lo asustada que estás de esa puta carretera sin iluminación en la que estás a punto de embarcarte en *plena oscuridad.*

Anochecía. Cuando abordamos el autobús, caminé por el pasillo intentando averiguar qué asiento me permitiría mejor ignorar el camino, pero eso implicaría hablar con alguien, así que elegí una silla a mano derecha, delante de la de Susan, una mujer de unos cincuenta años de Madison, Wisconsin, que tenía un toque de vivacidad y que me había hecho reír horas atrás cuando, en el almuerzo, cuando ella exclamó que se estaba dando cuenta que tenía que "¡comer humus otra vez!". Pensé que si me daba la vuelta y me entretenía con ella en una conversación podría distraerme lo suficiente como para no enloquecer en el camino.

"Susan, ¿crees que podríamos disfrutar de un pequeño humus en la cena cuando volvamos?" le pregunté sarcásticamente, cuando ya el autobús estaba en camino.

"Solo si somos realmente..." Un crujido debajo del autobús que nos hizo saltar a todos la cortó en seco. ¡Yo lo estaba haciendo bien! De verdad. Yo estaba siendo totalmente genial. No estaba mirando por la ventana. Estaba tratando de bromear con la dama detrás de mí, hasta que sonó como si el autobús pasara por encima de algo, o como si golpeara un animal —yo no podría saberlo. Me golpeé la cabeza. Por la ventana no veía nada más que la cara lateral del acantilado.

No habíamos golpeado nada. El bus no había podido sortear con éxito una curva cerrada y medio segundo antes de que mi cabeza registrara lo que había pasado como para que los químicos de "¡pánico!" bañaran mi cerebro, Susan puso su mano en mi hombro. Ella sabía que esto no iba a ser nada bueno.

Nuestro autobús se encontraba ahora atravesado en toda la curva cerrada; el lado izquierdo del autobús se cernía sobre un acantilado y el lado derecho bloqueaba el tráfico en ambas direcciones. El conductor intentó y no pudo avanzar, y cuando el embrague se activó, el bus retrocedió casi un metro.

"¡Fuera!" gritó el conductor del autobús, abriendo la puerta del lado derecho, el lado que todavía daba hacia a la carretera. "¡Dejen sus cosas y salgan!"

Salí huyendo de ese ataúd para 40 personas con todos los demás y encontré una gran losa de concreto al lado de la carretera en la que apoyar mis rodillas y darle rienda suelta a toda mi mierda. Era como si ya no pudiera inyectarle oxígeno a mis pulmones -el aire no podía pasar por mi garganta antes de ser echado fuera como rechazándolo. Una y otra vez. Había perdido la capacidad de controlar mi respiración o mis pensamientos o mis manos temblorosas. Mis rodillas estaban empapadas en mis propias lágrimas.

No recuerdo en qué momento Sharon, la partera, se me acercó, pero sus manos de repente estaban sobre las mías. "Estás bien. Yo estoy aquí". Luego puso sus manos sobre mis hombros y me habló cálidamente. Si sus manos no hubieran estado allí, algo de mí habría escapado —como mi cordura, o mi capacidad para mantener juntos a mi conciencia y a mi cuerpo. Ella estaba sosteniendo la tapa de cordura para mí.

Finalmente el conductor puso al bus en la dirección correcta tras una serie de maniobras de ida y vuelta, y llegó el momento en que mi grupo pudo abordar de nuevo.

"No voy a subirme a ese bus. No voy a subirme a ese bus", seguí repitiéndole a Sharon.

Sharon le dijo al Obispo Bruce en mi nombre que bajo ninguna circunstancia me iba a subir al autobús. Ella lo tenía claro y estaba firme, todo lo que yo no lo estaba en ese momento. Yo la necesitaba más que cualquier otra cosa. Y sin embargo, una hora antes, como una completa malparida, yo ni siquiera podía recordar su nombre.

Bruce detuvo el primer auto que pasaba. Las ventanas de un Audi se bajaron y del conductor llegó el saludo "¡Padre! Hace tiempos no te vemos por acá".

Esto venía de un palestino un poco calvo, de mediana edad que blandía cigarrillos en una carretera al azar en Cisjordania. Para ser francos, todos en Cisjordania parecían conocer a Bruce y llamarlo Padre, pero esto parecía, sin embargo, un milagro.

Bruce explicó la situación, y el conductor accedió a llevarme —la loca de Estados Unidos llorando, temblando- el resto del camino hacia

Belén.

Arrojó su cigarrillo por la ventana y dijo: "Bienvenida". Todos dicen "bienvenidos" en esa tierra. A la mañana siguiente, fui la primera en llegar al desayuno. La habitación brillaba con el sol de la mañana, y la novedad de la luz se sentía como un rayo de esperanza para mí. Así como la sensación de garganta despejada que se tiene después un buen llanto, o tras un realmente vergonzoso ataque de pánico frente a 20 personas de Wisconsin.

Me senté sola en una mesa hasta que algunos de los miembros de mi grupo -Susan, Sharon y su esposo, Mark, el pastor luterano- se juntaron con su café y sus desayunos del Medio Oriente que consistía en humus, pan pita y huevos duros. Cuando les hice señas para que se me unieran me di cuenta que la humillación de la noche anterior casi había desaparecido, y en su lugar sentí un cariño de corazón abierto hacia ellos. Una gratitud. Ellos me habían visto perder completamente el control de mi mente, me habían visto moquear en mi estado más crudo y más desprevenido, pero no se escandalizaron. Ellos solo querían asegurarse de que yo estuviera bien.

Todo lo que había estado tratando de proteger me había sido quitado en ese camino. Me había vuelto *necesitada* e incapaz de "haz yo misma" y, sin embargo, yo había sobrevivido. Recibí ayuda de aquellos que yo estaba tratando de evitar, y había sobrevivido. Era como una exfoliación espiritual por humillación.

Mi corazón se había abierto. Tal vez no tanto como para reírme de cursis juegos de palabras cursis, pero cuando Sharon y Mark colocaron sus platos al lado de los míos y tomaron sus asientos, pregunté: "Dime, Sharon, ¿ustedes tienen nietos?"

Esta es la noche
en la cual, en tiempos antiguos, liberaste a nuestros antepasados, los hijos de Israel, y los condujiste, calzados sus pies, a través del mar.

Esta es la noche
en la cual la oscuridad del pecado ha sido purificada
    por la luminosidad creciente.

Esta es la noche
en la cual todos los que creen en Cristo son rescatados del mal
    y de la tristeza del pecado,
        son renovados en gracia, y restaurados a santidad.

Esta es la noche
en la que, rompiendo las cadenas de la muerte,
    Cristo se levantó del infierno en triunfo.
¡Oh noche verdaderamente bendecida,
la solo digna de conocer el tiempo y la hora
    en la que Cristo se levantó otra vez del infierno!

Esta es la noche de la cual está escrito:
"La noche tan clara como el día", y
    "Entonces mi noche se convertirá en día".
La santidad de esta noche hace huir las obras de maldad;
    lava el pecado;
    restaura a inocencia los caídos,
    y a alegría a los que lloran;
    echa fuera el odio;
    trae la paz
    y humilla orgullo terrenal.

11

Salas

El día anterior al martes previo al Miércoles de Ceniza de 2014 yo estaba en un pequeño restaurante en la Sexta Avenida, en Denver, flanqueada por árboles, mirando con avidez la comida para el servicio conmemorativo de Billy. *Satchel's On 6th*, restaurante local, tenía el aspecto simple y limpio de un lugar que era propiedad de y administrado por amantes de la comida. Yo tenía hambre, y los chocolates y panecillos parecían increíbles, pero nadie más estaba comiendo.

Eso no es raro. La gente por lo general no siente hambre en un funeral; o tal vez sí y piensan que se ve mal aprovecharse de quesos artesanales gratuitos cuando acaba de morir alguien. Siempre es así, sin coincidencia: gente que cocina en respuesta al dolor y gente que se niega a comer en respuesta al dolor. Quizás las fuentes con las sobras son de consuelo cuando son llevados a casa por los dolientes, como pilas de sustento para los días amargos por venir. Pero a diferencia de todos los demás en el salón, el dolor no afectaba mi apetito porque yo nunca había conocido a Billy.

Una semana antes, había contestado el teléfono pensando que me llamaban del consultorio de mi médico. En lugar de eso me saludó un: "¿Hablo con Nadia?"

Gruñí. Como la mayoría de los estadounidenses modernos, nunca contesto el teléfono si no reconozco el número. Sin embargo, apenas unos minutos antes de que el teléfono sonara me habían dicho del consultorio de mi médico que me llamarían en breve. Por eso contesté esa llamada.

"Becky Kunzelman me dio su número", me dijo la voz en el otro extremo. ¡Ajá! No es mi médico. Becky es una atleta de *CrossFit* de renombre mundial y una cristiana devota de Denver. Resulta que Becky acababa de leer *Pastrix*, así que cuando una mujer de su gimnasio le preguntó si conocía algún pastor que quisiera dirigir un funeral para su sobrino, un joven gay que se había ahorcado el día anterior, Becky llamó a mi entrenador, Neil, y le pidió mi número.

El funeral se llevaría a cabo el siguiente lunes, pero ese lunes siguiente era uno de los tres días libres que tendría ese mes, y lo necesitaba. Había estado viajando al menos una vez a la semana durante semanas y a la vez atendiendo las labores pastorales en *La Casa* y, francamente, me sentía como si mi oficio me hubiera engullido. Ella siguió hablando y yo seguía sacudiendo la cabeza, pensando: No. *De ninguna manera. No. Nop. Jamás.* "Billy era un alma tan creativa", dijo la mujer en el teléfono. "Pero él vivía con tanto dolor. Dolor emocional. Trabajó en la cocina del restaurante Satchel. Ahí es donde el funeral se va a dar, por cierto, con todos los chicos con los que trabajó. Era un artista, muy creativo, pero se estaba torturando. Bipolaridad, es lo que dicen, pero quién sabe. Él, *mmm*, bueno, él se ahorcó".

Cuanto más hablaba, más me resistía a la idea y, a la vez, sabía que tenía que hacerlo yo.

"De todos modos", continuó, "entiendo si no puede hacerlo, pero ¿sabe de algún otro pastor que sea apropiado para esto?"

¡Mierda! Todo en mí intentaba protegerme, tratando de conservar el poco tiempo no programado que tenía. En la mayoría de los casos, esa es la movida correcta. Pero no esta vez.

Mi congregación era bastante joven; yo había dirigido funerales solo un par de veces antes, y una de ellas era para un buen amigo que también se había ahorcado. PJ también era creativo y bipolar, y mi resistencia inicial a este funeral fue como si casi me hubiera olvidado de PJ, su funeral y el dolor particular que el suicidio deja a los que se quedan atrás.

Dije que necesitaría un día para pensarlo, pero siete minutos después le envié un mensaje de texto. "Sí. Sería un honor para mí estar en el funeral de Billy. Él me suena como si fuera uno de los míos".

Una semana después, mientras me paseaba por *Satchel*, no toqué la suntuosa comida a mi alrededor. En cambio, miré las fotos de Billy que con ternura habían sido dispuestas alrededor del salón mientras su familia, amigos y compañeros de trabajo ingresaban unos tras otros. Billy parecía tener una atracción especial por *los shorts* hechos a partir de pantalones y por las sonrisas tontas.

La mamá de Billy estaba sentada en un banco de madera junto a la pared mientras su familia sostenía su mano. Yo había estado en su casa un par de días antes y le hice preguntas sobre su hijo. Ella tenía el hermoso cabello de Carole King, y yo incluso podía apostar que en algún rincón de su pequeño apartamento victoriano en frente del *City Park* debía haber alguna copia de *Tapestry*. Su apartamento estaba lleno de plantas, colores vibrantes y mandalas hermosas, la decoración que uno podría esperar de alguien como ella: una profesora de la Universidad Naropa, una escuela budista en Boulder. A pesar de su dolor, había un polo que la mantenía anclada a la tierra. La ex esposa de Billy estaba allí. Con sus muñecas delgadas y cabello corto, triste, desconfiada. Sospechaba que ella sería la primera en reaccionar con desdén si yo dijera algo estúpido. La hermana y el hermano de Billy, ambos más jóvenes y a todas luces mejores adaptados que él, parecían tanto frustrados como totalmente enamorados de su hermano salvaje.

Escuché e hice preguntas, y cuando sentí que querían que yo dijera algo *pastoral*, les conté de mi amigo PJ que se había suicidado, porque quería que supieran que si solo el amor hubiera podido mantener vivo a PJ, él todavía estaría aquí; y cómo, tan sagrado y todo que el amor pueda ser, el amor humano nunca es puro ni perfecto. Simplemente no somos ese tipo de especie. Hay grietas en todo, e incluso los aspectos más brillantes de nuestras vidas -incluso el amor, o tal vez especialmente el amor- vienen con imperfecciones.

A menudo, cuando alguien muere, sentimos una combinación de amor y algo más, y eso también es santo. Y enteramente humano. Son aspectos que no se cancelan mutuamente. El amor y la ira. El amor y la desilusión. El amor y el vacío. Siempre amamos imperfectamente. Es la naturaleza del amor humano. Y está bien.

Pero a pesar de todo el amor en el mundo, cuando se trata de eso, ninguno de nosotros puede conocer la realidad del otro. Podemos compartir circunstancias, rasgos de la personalidad, incluso los padres. Sin embargo, con todo y habiendo pasado nuestra vida junto a las de otros, ninguno de nosotros puede conocer completamente la realidad interna del otro. Esas personas sentadas en *Satchel's*, la gente que más amó a Billy y sienten que lo conocieron bien, pudieron nunca haber sabido el tipo de dolor en el que Billy estaba. Ni el amor que él conoció. Ni el aislamiento que sufrió.

Sé lo que es pensar en respuesta al suicidio de alguien que amo: "debí haber respondido a su último correo de voz", o "debí estar pendiente de él", o "debí haberle tenido más paciencia". Pero también sé que no es así como funciona. Y después que hemos perdido a alguien, solo nos queda lo que queda: nuestro propio anhelo persistente de que las cosas hubieran sido diferentes y que todos aquellos a los que amamos nunca hubieran experimentado el dolor y, sobre todo, que se hubieran quedado con nosotros. Recuerdo cuán enojada estuve con PJ, cómo la ternura acompañó esa ira y, sin embargo, cuán segura estaba, en medio de mi tierna ira, que Dios podía recibir todas nuestras inconsistencias, incluyendo las que llevaron a PJ a su condición terminal.

Las personas son cínicas en lo que refiere a la religión, especialmente al respecto del cristianismo. Eso lo entiendo. Sentí el cinismo en la habitación en *Satchel's* -quizás la gente preguntándose qué hacía una pastora luterana en el funeral de una persona no cristiana con familia y grupo de amigos que eran, en su mayoría, no cristianas. Y lo entiendo. Yo misma puedo ser cínica. Cada vez que veo algún sonriente predicador de televisión hablando del plan de Dios para mí, o escucho a Sarah Palin diciendo algo irremediablemente perverso y estúpido sobre la gente pobre, o cada vez que paso frente a una valla que causa vergüenza exhibiendo a Jesús y un feto, entiendo perfectamente por qué las personas razonables mantienen su distancia. Yo entiendo por qué tener una pastora cristiana en un servicio fúnebre no cristiano para un hombre joven, gay, bipolar que se quitó la vida puede sonar como una idea rara, incluso mala.

Sin embargo, me sentí más en casa en ese sitio que lo que me había sentido unos días antes en una iglesia presbiteriana en Indiana, y de repente me di cuenta que aquello a lo que inicialmente me había resistido (hacer un funeral para personas que no eran mis feligreses en uno de mis tres días de descanso ese mes) era en realidad lo que desesperadamente necesitaba para ser fiel a mi llamado. Esos dolientes los sentía como si fueran parte de mi parroquia. Y quería más que nada predicar acerca de Jesús. No a la manera "aquí está mi oportunidad para llevarlos a que crean en las cosas correctas", sino más como "entiendo lo supremamente desagradable que todo ese cristianismo puede ser, pero es también la cosa más real y hermosa que he escuchado". La historia de Jesús se conecta con la de Billy porque también es una historia de amor y sufrimiento.

Así que le ofrecí a ese grupo de feligreses no religiosos una lectura del evangelio de Mateo:

> Porque vino Juan, que no comía ni bebía, y decían: "Tiene un demonio". Vino el Hijo del hombre, que come y bebe, y dicen: "Este es un glotón y un borracho, amigo de recaudadores de impuestos y de pecadores". Pero la sabiduría queda demostrada por sus hechos (Mateo 11:18-19).

Nunca he entendido completamente cómo el cristianismo se volvió tan respetable y manso dados sus orígenes entre borrachos, prostitutas y recaudadores de impuestos. Leí ese breve pasaje y expliqué que aunque no conocí a Billy, sé lo que es ser *queer*, y sé lo que es la adicción, y sé lo que significa la depresión. (Todo eso sin mencionar que, como alguien que ha trabajado en un restaurante, también sé lo que es derramar mierda en los pasillos que hay que limpiar, en medio de la agitación de la cena).

Les dije que cuando supe que Billy era brillante, artista y músico, y cuando escuché que amaba a su familia y amaba a la gente en medio de las dificultades en las relaciones, y cuando escuché que él luchó con adicciones a la heroína y al alcohol y con una química cerebral inútil, y cuando escuché que él era hermosamente raro y apasionado y que a veces tocaba el piano luciendo los vestidos de su hermana, pude comprender. Yo sabía que Billy era más o menos exactamente el tipo de persona con la que Jesús saldría a pasar el tiempo.

Les dije que Jesús podría haber salido con la gente de la alta sociedad de su tiempo, pero en cambio se burló de todo eso, eligiendo en su lugar reírse de los poderosos, hacerse amigo de las putas, besar a los pecadores y comer con todos los chicos malos. Pasaba su tiempo con personas para quienes la vida no era fácil. Y allí, entre los que sufrían, él era la encarnación del amor perfecto.

Miré a la madre de Billy, a sus ojos y dije que lo que sabía con seguridad es que Dios está siempre presente en el amor y en el sufrimiento. Y que Dios estaba presente tanto en el momento en que Billy entró en este mundo como en el momento en que lo dejó, amándolo de regreso a los brazos de su Creador.

Ella dijo con un movimiento silencioso de sus labios, "Gracias".

※

Lo que no sabía en ese momento era que treinta horas después de estar de pie en un restaurante para el funeral de un chico, me pararía un Miércoles de Ceniza en la sala de parto de otro. Sólo un poco más que un día después de haber predicado en un bar sobre el amor y el sufrimiento y sobre Jesús, estaría sosteniendo en mis brazos a la bebé de mis feligreses Duffy y Charlie dándole gracias a Dios por una nueva vida.

Dios: presente en el amor, presente en cuartos donde las mujeres dan a luz, presente en salas donde las familias luchan con el sufrimiento y la muerte.

Lo que me parece interesante es que la muerte solía ser una parte de la vida más de lo que es para nosotros ahora, y no solo porque tenemos una esperanza de vida más larga y una tasa de mortalidad infantil más baja que la que teníamos hace 200 años. La muerte solía ser parte de la vida porque, como el nacimiento, era algo que hacíamos en casa.

Hasta finales del siglo XIX, la sala frontal de las casas, llamada la sala de recibo, era donde uno recibía invitados, pero también era donde se disponían los cuerpos de los muertos para que fueran visitados. La gente solía morir en casa, y sus seres queridos lavaban y preparaban el cuerpo y lo ponían en la sala. Los vecinos, los amigos y los familiares venían a ver el cuerpo y quizás acariciaban el cabello, o besaban la frente de los que se habían ido a descansar. La muerte era parte de la vida. Es decir, hasta el advenimiento de la funeraria, un local con fines de lucro que se hizo cargo en lugar nuestro, de lo desagradable (esto fue en los tiempos en los que la sala delantera de la casa comenzó a llamarse la sala de estar, el *living*, y no la sala de recibo).

Hemos relegado la muerte, el nacimiento e incluso la música a los profesionales... todo lo que, hasta hace unas generaciones, la gente común y corriente, como uno, hacía en la casa. Lo que solía ser *natural* –dar a luz, tocar un instrumento y cantar, y morir entre los que uno amaba, quienes dispondrían amorosamente nuestros cuerpos en la sala de recibo para ser honrados por los que nos amaron- es ahora una empresa comercial. No es que yo desconozca ingratamente una baja tasa de mortalidad infantil ni que las mujeres con embarazos de alto riesgo cuenten con un cuidado seguro, y no es que no me guste escuchar música grabada profesionalmente. Lo que me pregunto es que si perdimos más de lo que somos conscientes cuando empezamos a contratar profesionales para que hicieran por nosotros lo que solíamos hacer por nosotros mismos.

De todos modos, aquí estaba yo, el Miércoles de Ceniza, en una habitación en la sección de maternidad en el hospital de la Universidad de Colorado, justo el día en que la iglesia recuerda que no somos más que polvo y que al polvo volveremos. Con una mano, sostuve un pequeño recipiente de metal con las cenizas y estiré la otra para poner la señal de la cruz con la ceniza negra en la frente de Duffy que descansaba en su cama de recuperación, luego también en la de Charlie. Duffy tenía esa hermosa mirada de agotamiento total de una mujer que acababa de dar a luz, y Charlie, la del orgulloso e igualmente exhausto compañero que había pasado horas sintiéndose inútil.

"¿La bebé también?" pregunté a sus padres.

Duffy y Charlie dijeron: "Sí, por favor, la bebé también".

Mi voz se tensó un poco mientras presionaba muy suavemente la frente de Willa, piel recién llegada, carne que había sido expuesta al aire por tan solo unas pocas horas. No pude restringir completamente el temblor en mi voz cuando recordé a todos en la habitación, que incluso ella, llena de belleza y esperanza, y con tan solo unas horas desde el vientre de su madre, volverá, en su muerte, al polvo y al mismo corazón de Dios.

Y la madre dijo con un movimiento silencioso de sus labios, "Gracias".

Y entonces lo entendí. Comprendí más que en cualquier otro Miércoles de Ceniza que las promesas de bautismos y funerales, las promesas de nacimiento y de muerte, están íntimamente entrelazadas. Porque venimos de Dios y a Dios iremos. Hay tanto que se interpone en el camino de esa verdad tan simple. Y son tiempos como funerales y nacimientos cuando toda la demás mierda pierde importancia.

He aquí mi imagen del Miércoles de Ceniza: Si nuestras vidas fueran una sola pieza larga de tela con nuestro bautismo en un extremo y nuestro funeral en otro, y no sabemos la distancia entre los dos, el Miércoles de Ceniza es un momento en el que la tela se pellizca en el medio y los extremos se sostienen de tal manera que nuestro bautismo en el pasado y nuestro funeral en el futuro se encuentran. El agua y palabras de nuestro bautismo y la tierra y palabras de nuestro funeral han venido del pasado y del futuro para encontrarse con nosotros en el presente. Y en esa reunión recordamos las promesas de Dios: que nosotros le pertenecemos a Dios, que no hay pecado, no hay oscuridad, y sí, no hay tumba que impida que Dios venga a encontrarnos y nos ame para volvernos a la vida. Que donde dos o más están reunidos, Cristo está con nosotros. Estas promesas duran más que nuestro cuerpo terrenal y que los límites del tiempo.

Ahí en la sala de parto de Willa, mientras sostenía a la pequeña bebé y observaba con fascinación cómo movía la cabeza sobre su cuello pequeño y se chupaba su pequeña, perfecta boca, comprendí de alguna manera que el sufrimiento y el amor en el parto de la madre de Billy, 29 años atrás, estuvieron en las manos de Dios. En ese momento exquisito supe que el amor y el sufrimiento en el parto de cualquier otra madre hoy mismo también está en las manos de Dios, y que ella también debe encomendar su niño a aquel de quien esa criatura vino.

Billy y Willa. Dos amados hijos de Dios a quienes Jesús vino a salvar. Y a recuperar para sí. Y a buscar como amigos. Y darles la bienvenida en casa. Cenizas a cenizas. Polvo al polvo.

12

Invalidez

Si todas las posibilidades estaban en contra de Amy –que como parapléjica no sobreviviría la infancia, que nunca sería una gran bailarina, que no sería un ser sexual, que nunca podría desarrollar una carrera profesional, que nunca manejaría un auto deportivo descapotable rojo, que nunca viviría en su propia casa en sus propios términos– ella, sin pedir disculpas, las venció. Amy no fue una persona con quien alguien se hubiera querido meter en problemas. Acompañaba su almuerzo con vinos, lucía adornos y ropa brillante y en desespero ponía sus ojos en blanco como si tuviera un medidor de idiotez humana instalado en su cabeza.

Amy en su silla era una sirena de titanio, pero no una sirena como las de tipo Disney. Ella era del tipo "vivo en *grande* sin piernas". Es increíble que tanta mofa y sarcasmo hubiera podido caber en un pequeño cuerpo tan quebrantado, pero lo hizo.

Su mejor amiga Bobbie había dicho a menudo que, emocionalmente hablando, estar cerca de Amy era como "pararse frente a una manguera de incendios". Pero si Amy era una manguera de incendios, Bobbie era una pared de ladrillo.

Bobbie tiene esa particular marca de torpeza que solo nace del dolor. Siempre está ahí, no más, a flor de piel, ese tipo de dolor, metido en un revestimiento impermeable. El abuso sexual infantil le hace cosas a una psiquis en desarrollo que le cambia para siempre su dirección. Por supuesto, la dirección que toma ese crecimiento es variada. Algunas víctimas se convierten en abusadoras ellas mismas, infligiendo lo que les fue infligido. Algunos podan sus propias vidas hasta reducirlas a nada; vidas que desaparecen en agujas, cuchillas de afeitar, carbohidratos. Algunos desarrollan vidas en las que tienen carreras, familia y comunidad, pero siempre van por esa vida con capas protectoras que esconden su propio daño.

En Bobbie, siempre hay algo doloroso justo debajo de todo lo que dice, y de alguna manera ese dolor es demasiado evidente como para ignorarlo y, sin embargo, demasiado oculto como para mencionarlo. Cuando ella habla, se ríe mucho. Una risa nerviosa, una que es una respuesta no al humor sino al malestar. Es difícil saber cómo responder a una risa como esa y, bueno, es incómodo. De hecho, tan incómodo que durante un tiempo me costó mucho saber apreciar a Bobbie.

Hubo un punto, temprano en la vida de *La Casa*, en que me sorprendía la cantidad de gente socialmente torpe como Bobbie que empezó a llegar. Lo que quiero decir es que la iglesia era pequeña, tal vez entre 20 y 30 personas, y algunas parecían un imán, estaban llenas de energía, y, ya saben, eran geniales. Pero el estudio bíblico "Trae tu propio cerebro" que empecé a facilitar semanalmente en el sótano de un bar *hipster* en Denver no atraía esa gente ¿Por qué? Porque la gente convincente, dinámica, los líderes naturales están *ocupados*. Tienen muchas exigencias para su tiempo y atención. En cambio, los que llegaban a mis estudios bíblicos los martes en la noche eran los que podrían haber asistido si fuera miércoles, jueves, viernes o sábado. Estas personas tenían cinco o seis noches de la semana libres.

Llegué a convencerme de que esta iglesia nunca tendría ningún futuro si esa era la clase de personas que llegaban. Al mismo tiempo, los *bloggers* y los expertos en el tema de la iglesia (que nunca habían visitado *La Casa*) afirmaban, basados en el hecho de que la pastora tuviera tatuajes y en que los pastores atraen a gente como ellos, que nuestra iglesia era obviamente una iglesia justamente para *hípsters*. Lo que nunca, nunca ha sido el caso. Los que no tienen tatuajes ni usan gafas irónicas superan en número a las que lo hacen en una proporción de treinta a uno.

Así que con el tiempo comencé a preguntarme: "Un momento. ¿Por qué no estoy atrayendo a otras personas interesantes? Quiero decir, ¿por qué no viene gente como yo?"

(Ahora puede ser un buen momento para preguntar lo obvio: ¿Qué tipo de persona piensa esa mierda?)

※

Poco después de que se conocieron en 2002, Bobbie, la paralítica emocional, se convirtió en un *sherpa* para Amy, la lisiada física. Mirándolas desde afuera, parecía como si Bobbie estuviera cuidando desinteresadamente y con compasión de una mujer con discapacidad. Ella arrastraba el pequeño cuerpo torcido de Amy a conciertos y viajes por carretera y festivales escoceses (donde, según informes, Amy era famosa por levantar una o dos de los tradicionales *kilts*, faldas escocesas para varones, desde su posición favorable en la silla de ruedas). Y cuando Amy estuvo en la unidad de cuidados intensivos durante semanas, atada a tubos y a duras penas con vida, Bobbie rara vez se apartó de su lado en lo que, otra vez, parecía ser simplemente un acto de benevolencia hacia alguien menos afortunada que ella misma. Y era difícil no sentirme mal por mi enfoque egoísta, voluble, a veces feo para amar (o no amar) a los demás, especialmente viendo cómo Bobbie se preocupaba por Amy. Inquebrantable. Desinteresada. Hermosa. Era mi admiración. Pero no puedo decir que lo entendiera.

Bobbie fue quien encontró el cuerpo de Amy Mack, como siempre se asumía que sería el caso. El corazón de Amy se había agotado, y habiéndolo encontrado, el corazón de Bobbie, por un tiempo y de una manera diferente, también hizo lo mismo.

Cuando llegué al apartamento de Amy, Bobbie Jo estaba sentada en las gradas frontales al fresco sol de primavera esperando al médico forense de Denver para descartar que algo sucio, algún abuso o crimen hubiera sido la causa de la muerte de Amy.

Abracé a Bobbie pero no estaba segura de qué decir. Bobbie Jo y

Amy Mack eran almas gemelas, mejores amigas y cómplices.

"Lo siento, cariño". Eso fue todo lo que pude decir antes que el forense saliera y dijera que ya podíamos tener algún tiempo con el cuerpo antes de que fuera llevado a la morgue.

"Pero sólo un par de minutos", dijo.

Cuando ungí a Amy, decididamente me tomé todo el tiempo, pues como mencioné anteriormente, no es frecuente que tengamos la oportunidad de experimentar un *living* como sala fúnebre. Mientras trazaba el signo de la cruz en su frente fría, mis dedos deslizándose fácilmente sobre el aceite para formar la cruz, me devolví a tan solo cuatro días atrás, al Miércoles de Ceniza, cuando visité a Duffy y Charlie e hice la misma señal con ceniza en la cabeza de la bebé Willa, de apenas unas horas de nacida, recordando que somos de Dios y a Dios volvemos.

En el apartamento de Amy, rodeadas de sirenas y suvenires, Bobbie Jo y yo, junto con otra amiga, Ellen, que había llegado unos momentos antes, necesitábamos honrar el cuerpo de nuestra amiga. Especialmente este cuerpo. Este cuerpo parapléjico de 85 libras, quebrantado. Acariciamos su cabello rubiáceo, con cariño tocamos su rostro frío que ya estaba rígido tras día y medio sin vida.

"Perteneces a Dios a quien has regresado", dije y besé su cara, y luego Bobbie besó su frente, justo en la cruz aceitosa, sellándola con su amor.

Más tarde, cuando el de la morgue levantó torpemente a Amy de la silla de ruedas para ponerla en la camilla Bobbie le informó: "Sus piernas no han estado rectas durante 15 años. No trate de enderezarlas ahora".

⊹

Fue la noche anterior al Día de Acción de Gracias en 1965 cuando a sus cinco años de edad Amy fue arrojada por la ventana trasera de una camioneta *pick-up*. Alguien había tomado demasiado y alguien más nunca volvería a caminar de nuevo. Trágicamente, es así como la historia suele pasar. Ella odiaba la "puta silla de ruedas", como ella la llamó, a la que fue condenada después del accidente, pero nunca, en los cincuenta años siguientes, dejó que ese artefacto la definiera. (En un momento dado unos años antes, incluso le pregunté: "Oye, Amy, es *puta* el nombre de tu silla de ruedas?" Como respuesta solo me mostró erguido su huesudo dedo del medio).

En el funeral de Amy, Bobbie leyó la lista de las cosas por las que quería darle las gracias a Amy. De pie junto a Bobbie Jo, mientras ofrecía su elogio, había un pequeño santuario para su mejor amiga: sirenas, un paño brillante, una foto de la silla de ruedas de Amy estacionada sin su ocupante en un imponente valle en las montañas, y por supuesto, de nuevo nuestro cirio pascual, imperfecto y brillante.

Le tomó a Bobbie un segundo en el micrófono antes de que pudiera comenzar.

> *Gracias, Amy.*
> *Gracias por verme, por ver a través de la fachada, por gritar de repente "¡Boudicca!" cuando te dirigiste a mí en medio del grupo de poesía.*
>
> *Gracias por conducir a través del aguacero torrencial con sus truenos y sus rayos sin cerrar la capota del auto —tenías razón, no nos mojamos.*
>
> *Gracias por orar, y por negarte a orar, convirtiéndote así en una oración viviente.*
>
> *Gracias por tu honestidad, por tu frustración y enojo, por tu entusiasmo y alegría.*

Gracias por tu espíritu aventurero. ¿Quién más me dejaría arrastrarla hacia la mitad de ninguna parte accesible, y dejarla sentada en una roca lejos de su silla de ruedas – y disfrutar cada minuto?

Gracias por tu corazón de poeta, por la música de palabras honestas y hermosas que convierten las luchas de la vida en una canción de humanidad compartida.

Gracias por la risa y la estupidez y las menciones al azar de citas de películas en restaurantes (o en cualquier otro lugar), en su mayoría de "Madagascar" o de "Joevs. El Volcán".

Gracias por ver, realmente ver, a los que a menudo son pasados por alto: empleados del restaurante que rápidamente se convierten en amigos, el pordiosero que pide una moneda. Y a mí.

Gracias por tu música y tu canto, por tu solo en tu guitarra imaginaria en tu sala, por llevarme a escuchar grandes bandas en vivo, por hacerme bailar contigo delante de todos al punto de sentirme mareada de tanto girar.

Gracias por darme un codazo —bueno, por empujarme y tirarme, y yo a veces pateando y chillando-fuera de mi zona de confort.

Gracias por compartir con franqueza tu visión única de la vida, del universo, y de todo – y por decir en voz alta lo que los demás piensan pero que les inhibe demasiado expresar.

Gracias por amarme a nuestra manera desordenada, gloriosa, humana, y por enseñarme tanto sobre lo que significa el amor.

Por todas estas cosas y mucho más de lo que puedo expresar en palabras, te estoy agradecida, amiga mía, y a Dios que nos dio la una a la otra en amistad.

Anam Cara, mi amiga del alma, extrañaré en este mundo tu poesía, tu canto, tu risa, tu coraje, tu honestidad y tu profunda belleza.

Que Dios me ayude a conservar y llevar por doquier toda la riqueza que me has dado para cultivarla y compartirla abundantemente con el mundo como tú lo hiciste. Y así tendremos historias hermosas y jubilosas que contar y canciones que cantar juntas cuando podamos "continuar desde donde habíamos dejado cuando todos nos volvamos a encontrar."

Bobbie estaba dedicada a Amy porque Amy realmente la vio. Amy vio la fiereza y la fuerza de Bobbie escondida bajo la coraza producida por la "me estoy riendo torpemente de algo para que no sepas cuánto duele" exteriorizada. Y Bobbie vio la debilidad y la belleza bajo la fiereza sarcástica de Amy, la chica fiestera.

En su amistad, Bobbie y Amy se conocían.

Cuando estaba escribiendo *Pastrix*, le dije a mi editora que yo sufrí de un trastorno en mi autoinmunidad entre mis años 12 a 16 que hizo que mis ojos se brotaran de tal manera que mis párpados literalmente no podían cerrarse. Yo le hablé del dolor de esa experiencia particularmente única en mi adolescencia. Inútilmente, pensé, ella me sugirió escribir sobre eso.

"Absolutamente no", le dije.

Tan pronto le entregué el borrador de todo el libro para su edición final, ella lo leyó y me lo devolvió diciendo: "Ahora lee esto y dime si no es una pieza importante de la historia. ¿Por qué otra maldita razón pudiste haber sido una niña tan cascarrabias? Sé valiente. Cuéntalo". Y así, a regañadientes, lo hice.

De todas las cosas poco elegantes que escribí sobre mí en ese libro –públicamente admití el uso de drogas, el alcoholismo, el engaño, la indiscreción sexual, misantropía, y pretender ser una heroína- el dolor y la alienación en mi infancia fue lo que me hizo pensar: *Si digo esto, podría morir. Si muestro el envoltorio debajo de los tatuajes, nadie va a seguir creyendo que soy cool.*

Cualquier estudiante de primer año en una clase introductoria de psicología podría identificarlo en menos de diez minutos, pero yo no me había percatado durante un par de años por qué tantos "fracasados" venían a *La Casa*, la iglesia con la pastora (supuestamente) descomplicada y llena de tatuajes. Resulta que, al final de cuentas, yo estaba atrayendo a gente como yo. Simplemente no quería reconocerlo. Algunos pueden pensar que mi lado sarcástico, divertido, el de la chica tatuada, atrae a la gente a *La Casa*. Y eso es cierto en los casos de algunas personas, pero esas son las que nunca parecen quedarse.

Pero la parte *"cool"* en mí nunca fue lo que atrajo a la gente que se quedó. La niña de los ojos brotados sin amigos fue la que los trajo. La misma que comía todos sus almuerzos a solas en la secundaria. La Yo que tenía que prepararse cada día para vérselas con un incansable bombardeo de insultos –la dolorosamente flacuchenta que aprendió a vendar y cubrir sus heridas con enojo, cinismo y una lengua viperina.

Yo había estado atrayendo a gente como yo todo el tiempo. Yo era demasiado arrogante, o demasiado defensiva, para admitirlo.

La Casa comenzó a tener mucho más sentido para mí después de ese descubrimiento. Lo que realmente necesitaba en mi iglesia, basada en la verdad dentro de mí, era ser confrontada por lo que fuera que yo estaba tratando de reprimir, compensar y encubrir. Lo que yo necesitaba era a Bobbie.

A pesar de ajustarse a la propaganda de la desdentada psicología popular, este hecho continúa siendo verdaderamente perturbador y consistentemente cierto: cuando las personas me incomodan más allá de la razón, puedo garantizar que es porque están demostrando algo que yo opto por no ver en mí misma. Es decir, no sabía amar a Bobbie porque no sabía cómo dejar de ocultar aquellas partes de mí misma que ella me hizo enfrentar.

Hay una parábola en el evangelio de Lucas que Jesús cuenta en una cena cuando ve cómo los invitados elegían los mejores lugares para sentarse:

> También dijo Jesús al que lo había invitado: "Cuando des una comida o una cena, no invites a tus amigos, ni a tus hermanos, ni a tus parientes, ni a tus vecinos ricos; no sea que ellos, a su vez, te inviten y así seas recompensado. Más bien, cuando des un banquete, invita a los pobres, a los inválidos, a los cojos y a los ciegos. Entonces serás dichoso, pues aunque ellos no tienen con qué recompensarte, serás recompensado en la resurrección de los justos." (Lucas 14:12-14)

Aquí Jesús comenta sobre las cosas que hacemos (o no hacemos) para que la gente piense de nosotros de cierta manera. Y me recuerda cómo mi amiga Caitlin afirma que en realidad tengo aspectos verdaderamente encantadores en mi personalidad —aspectos que simplemente no son mis partes favoritas. Esta parábola me obliga a examinar todas las formas en las que trato de proyectar las partes para mí favoritas de mi personalidad —mi "frescura", mi supuestamente irreverente actitud de vanguardia- a la espera de que la gente se trague toda esa campaña de relaciones públicas acerca de quién soy.

Y no soy la única. Esta práctica de editar partes de uno mismo es algo que muchos de nosotros hacemos hasta cierto punto. Creamos cuidadosamente una imagen, pero siempre es una que es solo parcialmente cierta. Y mantener esa verdad parcial, esa personalidad manufacturada, ese "yo" ensamblado, puede ser francamente agotador. Facebook es el medio perfecto para esa tarea de artesanía. Nos permite presentar una imagen de nosotros mismos solo a partir de aquellos componentes de nuestras vidas y personalidades que deseamos proyectar. Por eso casi nunca vemos actualizaciones en Facebook que digan: *Anoche, otra noche que la paso solo*. Ni tampoco: *Me pregunto si alguna vez seré amado*. Ni: *Solamente manipulé a mi cónyuge para conseguir lo que quería*.

Si nuestra imagen de perfil de Facebook pudiera verse como una metáfora para ese pasatiempo, la parábola de la cena tendría a Jesús como el amigo que implacablemente nos etiqueta en fotos poco halagadoras. Fotos en las que nuestro cabello es un desastre, nuestro trasero se ve enorme, y un ojo está medio cerrado.

A menudo pienso que el esfuerzo que ponemos en tratar de fingir que algo sobre nosotros es cierto —que somos menos de lo que somos o más de lo que somos, o que un aspecto de nosotros cuenta toda la historia- se basa en el miedo a ser realmente conocidos, realmente vistos, como realmente somos. Quizás cada uno de nosotros tiene una herida, un lugar vulnerable que tenemos que proteger para sobrevivir. Y sin embargo, a veces sobrecompensamos tanto por las cosas que estamos tratando de ocultar que nadie sospecha nunca la verdad… y luego nos quedamos en la verdadera soledad de nunca ser realmente conocidos.

Al final, el único amor verdadero en el mundo se encuentra cuando permites que seas verdaderamente conocido. Este fue el amor que Amy y Bobbie compartieron, amándose una a otra en, a través y más allá de lo que cada mujer trató de ocultar o proteger.

La película *Almost Famous* cuenta la historia de William, un muchacho periodista que, sin proponérselo, termina de gira con una famosa banda de rock. Su conversación con Lester, un escritor mayor, al final de la película captura esta noción perfectamente.

William se lamenta de que trató de ser descomplicado, de que se sintió *casi* genial con los chicos de la banda, a pesar de que él sabía que en realidad no lo era.

Lester exclamó: "Mira, te conozco. No eres *cool*. Pero la única moneda verdadera en este mundo en bancarrota es lo que compartimos con alguien cuando no somos *cool*".

Al final de su parábola en la cena, Jesús dice que cuando se organiza una fiesta a los que debemos invitar son a los cojos, a los pobres, a los lisiados y a los ciegos ¿Podría estar sugiriendo que en el reino de Dios podemos abrazar lo que estamos tratando de ocultar o compensar con algo más? En el reino de Dios, no necesitamos cultivar una imagen para ocultar las partes cojas, pobres, ciegas o lisiadas en nosotros. Las fotos poco favorecidas. Las partes que no tienen nada para ofrecer, las que deben depender de otros para obtener ayuda.

En otras palabras, las partes más rígidas en nosotros constituyen exactamente lo que Jesús invita a sentarse y comer alrededor de su mesa. Como si la única moneda verdadera en este mundo en bancarrota es lo que compartimos con Dios y entre nosotros cuando estamos en nuestra peor versión, cojos, ciegos, pobres y lisiados. Y teniendo en cuenta lo incómoda que soy, teniendo en cuenta lo que ustedes son, es de un gran alivio ser vistos en una luz tan implacable e intransigente. Tal vez sea realmente más seguro e incluso sabio que en buena parte de nuestra vida nos protejamos. Pero alrededor de la mesa de Dios, y en el pueblo de Dios, ustedes no tienen que fingir ni compensar nada. Ustedes pueden simplemente ser. Y con solo ser, pueden, a los ojos feroces y amorosos de Dios, ser conocidos, ser restaurados, y tal vez incluso encontrar un poco de descanso. Porque es agotador solamente mantener en funcionamiento esa maquinaria que sustenta nuestra imagen.

※

Dos semanas después del funeral de Amy Mack, Bobbie y yo salíamos de las "horas de oficina" en el sótano de una cafetería local, una hora cada semana cuando la gente de la iglesia se reúne para pasar el rato y charlar. Yo había estado por fuera de la ciudad hablando en eventos, más de lo que técnicamente es saludable para mí, y estaba luchando contra el agotamiento particular que viene de haber estado rodeada por miles de personas que creen que me conocen pero no.

Cuando ya estábamos afuera Bobbie dijo: "Oye, yo... este... tengo algo para ti".

Ella me entregó una bolsa de tela. Dentro había un diario, su hermosa cubierta de cuero fileteado había sido claramente hecha a mano por Bobbie. Llevaba la imagen de María Magdalena anunciando la resurrección a los apóstoles, una imagen del salterio de San Albano que yo me había hecho tatuar en mi brazo durante el período en mi vida en el que estaba respondiendo a mi llamado a ser predicadora.

Contuve mi respiración boquiabierta cuando lo vi y la abracé por lo que cualquier transeúnte hubiera pensado que fue un tiempo inusualmente largo. Este era un regalo que solo alguien que *me vio* me podría dar; era tan personal y perfecto.

"Bobbie. Yo solo...¡Ah! Gracias, gracias".

"Es para tu sabático. Por favor llénalo".

Inmediatamente pensé en todas las veces que Bobbie me había incomodado, las veces que pude haber visitado el hospital con mayor frecuencia cuando Amy Mack estaba enferma, las veces que no me había comprometido con Bobbie como pude haberlo hecho. Es por eso que ser amada, realmente amada, puede doler un poco al recordarnos todas las veces que hemos amado mal o no hemos amado, todas las formas en las que hemos hecho cosas que nos hacen sentirnos indignos del amor real.

Pero ahora sé amar y apreciar a Bobbie porque ella y Amy me enseñaron. Bobbie amaba a Amy porque Amy la veía, y una vez pude ver a Bobbie (y no solo ver en ella las partes mías que intentaba fingir que no tenía), también la amé. Es difícil no hacerlo. Ella es increíble. Claramente, Bobbie sabe amarme. Ese pequeño pero increíble acto de amor -Bobbie elaborando a mano un diario con cobertura de cuero para que yo lo use mientras esté lejos de mi vida como pastora, lejos de la vida parroquial, de los lectores, del escenario- fue algo que solo alguien que *me vio* podría hacer.

Todavía muestro ese diario a cualquiera que quiera mirarlo. Es como si fuera una foto de mi bebé o una libreta de calificaciones. Lo muestro como si dijera: "Mira, alguien me ama". Alguien ve y ama a la niña flaca de ojos extraños y saltones que se sienta sola en la mesa del almuerzo. Y esa chica también la ama.

13

Pies Sucios

Un gran roble ancla el centro del patio español afuera del salón parroquial en el que nuestras liturgias tienen lugar en *La Casa*. Sus sabias ramas proporcionan un tejado frondoso sobre nuestras cabezas sin bloquear la vista de las estrellas o el calor del sol. Este árbol, como muchos de sus compañeros, ha visto lo que solo los árboles pueden: el mundo tal como existe en un lugar a medida que pasan los años. Los que pasan por el árbol de nuestro patio, seguramente, debieron haber sido años atrás amantes con ojos solo el uno para el otro, sacerdotes de prisa y bebés con cabezas aún relucientes de sus bautismos. El árbol del patio seguramente ha visto a ancianas sosteniendo tazas eclesiales de café color marrón claro, gente sin hogar que necesita sentarse por un minuto, e incluso algunas peleas por los presupuestos de la iglesia.

Pero el Jueves Santo en *La Casa* -el día que recordamos la última cena de Jesús con sus discípulos, una comida en que él lavó los pies de sus amigos poco fiables- el árbol ve muchos pies. Y mucho perdón.

El perdón de los pecados es un asunto difícil. En mi infancia se me enseñó que todas las cosas no perfectas que hacemos o decimos o pensamos se contabilizan arriba en algún gran tablero espiritual en el cielo. Esto es, por supuesto, en lo que Dios mayormente se ocupa. Un pecado es un pecado, me dijeron. Así que las calificaciones rojas son para alguien que asesina y para alguien que piensa para sus adentros que su maestra es una verdadera cabrona. Me dijeron que cuando Jesús vino y murió en la cruz, él borró todas esas marcas rojas, pero antes de Jesús, teníamos que hacer que los sacerdotes ofrecieran sacrificios en nuestro nombre para que las marcas se fueran. Y seamos honestos... son demasiadas cabras y palomas muertas. Entonces Dios envió a su hijo para que fuera el sacrificio por todos de una vez por todas. (Entiendo por qué serían buenas noticias para las cabras y las palomas, pero no me es tan claro por qué lo serían para mí). Al sacrificar a Jesús, Dios puso el borrador en nuestras manos, de modo que ahora, si nosotros confesamos nuestros pecados y nos sentimos terriblemente mal por cada mala acción, palabra o pensamiento, y si prometemos no hacer, decir o pensar esas cosas otra vez, entonces se borran las marcas. Y cuando se trata de eso, Dios se complace con nosotros solamente si tenemos un tablero limpio. Se muere uno con marcas en el tablero y puede irse al infierno. Entonces, ya saben... manténganse ocupados.

Esta perspectiva del pecado y el castigo tal vez no sea hoy tan comúnmente sostenida como lo fue en generaciones anteriores, así que no estoy segura de cuántas personas creen que Dios les guarda un gran rencor por ser malas. Claro, algunos todavía creen que en el cielo hay una lista de buenos comportamientos y malos comportamientos y, por lo tanto, saber que Dios perdona tu pecado es saber que Dios ha borrado las marcas rojas contra uno y por lo tanto ya no está tan ofendido, lo que significa que no nos castigará.

Pero honestamente, me torturo mucho más con mis secretos que me carcomen antes que preocuparme porque Dios esté enojado conmigo. Estoy más obsesionada con cómo lo que he dicho y cómo las cosas que he hecho me han causado daño a mí misma y a los demás, que preocupada porque Dios me castigue por ser mala. Porque al final, no somos castigados por nuestros pecados sino que son nuestros pecados los que nos castigan.

Y el pecado es solo el estado de quebrantamiento humano en el que lo que decimos y hacemos causa esas fracturas a veces pequeñas y otras veces monstruosas en nuestra tierra, en nosotros mismos, en aquellos que amamos, y algunas veces incluso en nuestros propios cuerpos. El pecado es el yo encorvado sobre el yo. Y no es algo que podamos evitar por completo.

Cuando estaba trabajando como estudiante capellán en el hospital, en la primera década del siglo, me llamaron un brillante jueves de marzo para un caso de extinción fetal, que es una forma educada de decir que un bebé ha muerto estando todavía en el vientre de la madre.

No había nadie más en la habitación cuando llegué, solo la madre de nombre Candy, su pena, y un paquete de Marlboros medio vacío a su lado. Yo tomé su mano y pregunté si podía sentarme con ella por un tiempo, si quería, sabiendo que las vanas palabras de consuelo en una situación así caen como pequeñas piedras resbaladizas a tierra y que es mejor dejarlas sin ser dichas.

Sin que se lo preguntara, ella explicó que esto no era su culpa y que tampoco lo era el hecho de que ella no tuviera la custodia de sus otros cuatro hijos. Esa "perra trabajadora social que no tiene hijos propios" y no entiende nada "estaba detrás de eso". Y la policía local que la tenía en la mira, y no sus propias decisiones, estaban detrás de sus muchos arrestos.

La metanfetamina le hace algo inconfundible a los dientes humanos. Y así, a través de su boca dañada, llegó una cadena de tristeza manchada de palabras de culpa, ninguna de las cuales aterrizó en ella misma.

Después de pasar la mitad de mi turno con ella, salí de esa habitación muy triste. Triste por la pérdida del bebé. Triste por su carencia de hijos a pesar de que su útero había albergado a tantos. Pero sobre todo me entristecí al saber que ella no sentiría la liberación de decir la verdad de cómo todos participamos en nuestro propio sufrimiento.

✣

Cuando empecé a entrar en las aguas del cristianismo, mojando primero la punta de los pies, odiaba la confesión al inicio de la liturgia. Se sentía como la manera en que la iglesia garantizaba su seguridad laboral: la iglesia nos hace sentir tan mal con nosotros mismos que luego tenemos que ir a la iglesia para la absolución. Pero poco a poco yo me di cuenta de que la confesión y la absolución eran bastante similares a mi programa de recuperación del alcohol, que incluía un ejercicio en el que haces una búsqueda y repasas de manera intrépida tu inventario moral y se lo lees en voz alta a otro ser humano.

En 1992, en el momento de mi primer inventario moral, tenía tanta vergüenza por las cosas que había hecho, me odiaba tanto, que la persona que elegí para que me oyera en voz alta fue Anna, una mujer que, literalmente, estaba muriendo de sida. Nos habíamos conocido en la reunión de doce pasos a la que asistí en Nueva York durante el período de nueve meses en el que intenté -y fracasé- vivir allá con éxito. La única razón por la que confié en Anna para que escuchara toda mi mierda fue porque estaba segura de que ella no estaría viva ocho o nueve semanas después.

Nos sentamos en su pequeño apartamento neoyorquino bañado en colores elementales mientras yo jugueteaba con los papeles en los que había escrito a mano todos mis pecados. Ella me ofreció un poco de té y después de colocar una taza roja y un platillo a mi lado, se sentó en un sillón desgastado desde el que me escuchó contarle toda la mierda que había hecho. La ropa de Anna estaba tan mal ajustada que no parecía que fuera la suya, y ella se sentó allí, con expresión amable y paciente. Su aliento crujía entrando y saliendo de sus pulmones mientras mi lista de amoríos, crímenes y traiciones crujían saliendo de los míos.

"Nadia", dijo ella cuando finalmente leí la última página, "todos hemos estado ahí y esa mierda está en el pasado. Deja de traerla contigo al presente". Ajustó su tubo de oxígeno por un minuto antes de continuar. "Muchacha, ya pasó. Y tú vas a estar bien".

Sentí una libertad que ninguna otra cosa me hubiera podido haber dado tras haberme sentado frente a una frágil y demacrada mujer de treinta años en su pequeño apartaestudio y haberle contado en voz alta todas las cosas por las cuales me avergonzaba, y ella asimilando todo sin emitir ningún juicio, y luego atesorándolo todo para que yo lo pudiera liberar. Por eso apenas pude dejar de pensar en el perdón de los pecados como el trámite en el tablero y empezar a pensarlo como la libertad de la esclavitud del yo, todo cambió.

✧

En el Jueves Santo contamos la historia de cómo Jesús lavó los pies de sus amigos y nos ordenó (en la tradición litúrgica se conoce como Jueves mande o *maundy*, del latín *mandatum*, mandamiento) amarnos los unos a los otros como él nos ha amado. Nos lavamos los pies (o las manos, en el caso de Amy Mack, que una vez me recordó que sus manos eran sus pies) y celebramos la eucaristía. El lavado de pies es genial, pero para mí, el Jueves Santo tiene que ver con el perdón de los pecados.

En la noche en que Jesús fue traicionado por sus amigos, primero tuvo una cena con ellos. Pero antes de eso, ató la toalla de una criada alrededor de su cintura y les lavó los pies. Y para ser claros, esto no fue después de que hubieran recogido y limpiado primero el comedor. Jesús los encontró donde estaban: con sus pies sucios, literal y metafóricamente. Horas antes de que sus discípulos lo traicionaran negándolo y abandonándolo, Jesús les lavó los pies sucios. Él sabía que iba cuesta abajo. En los días y semanas anteriores había intentado decirles que sería traicionado y entregado para sufrir y ser muerto, y todos pensaron que estaba loco. Pero él lo sabía. Mientras se arrodillaba ante sus amigos y lavaba sus pies, supo que esa misma noche ellos harían cosas que los torturarían por el resto de sus vidas. Ellos lo irían a negar, lo traicionarían y entregarían, a su propio amigo y maestro. Ellos no serían los hombres y mujeres que querían ser.

Comenzamos la Cuaresma con el reconocimiento de la mortalidad humana y una fuerte confesión de pecados en el Miércoles de Ceniza, y luego para los cinco domingos restantes, mientras permanecemos en el desierto de Cuaresma, no recibimos absolución nuevamente sino hasta el Jueves Santo, y cuando lo hacemos, la recibimos individualmente. No hay música en este punto en la liturgia. En silencio, cada persona camina —los líderes de la iglesia, mi papá, los que no son de casa, el cantor, e incluso mis hijos- todos hacen su recorrido alrededor del gran roble y la multitud toda mezclada en el patio, y yo pongo mis manos sobre sus cabezas y digo: "En obediencia al mandato de nuestro Señor Jesucristo, proclamo el perdón completo de todos tus pecados. Amén".

A veces sé cuáles son esos pecados y otras no, pero cada vez, mis manos tiemblan. Porque esta mierda es real.

Queriendo llegar a esta idea de que Dios nos encuentra primero bajo el roble, cuando nuestros pies están sucios, y no solo después de que los hayamos logrado limpiar, *La Casa* observa la práctica tanto del lavatorio de los pies como del ensamblaje de paquetes de limpieza y asepsia en el Jueves Santo. Cantamos "¡Tómame, oh! Tómame cual soy!" mientras armamos paquetes con cloro, torniquetes y condones para que los trabajadores comunitarios, a través de un programa subterráneo de intercambio de agujas, los distribuyan entre los usuarios de drogas intravenosas en las calles de Denver. Este no es un "proyecto de servicio" pintoresco. Es una afirmación radical de que creemos en la gracia.

✧

A veces pienso en Candy, y me pregunto si alguna vez se ha encontrado con algún trabajador comunitario de Denver con su *kit* de asepsia. ¿Acaso alguna vez ella ha abierto una bolsa que le haya entregado algún trabajador social con manos limpias y encontrado una nota debajo del torniquete y el equipo de esterilización que diga: "Eres amado, eres amada, tal como eres", y en tal caso alguna vez haya quebrado su corazón? Las notas bien intencionadas de la gente de la iglesia no operan milagros y tal vez todas pasan desapercibidas, pero incluso si ese es el caso, la verdad permanece: Dios ama a Candy *ahora*. Con sus pies sucios. No solo después que ella se las haya arreglado para comenzar a tomar mejores decisiones, ni después de que ella se los haya lavado por sí misma. Dios nos ama *ahora*. A mí, a Anna, a Candy, a todos nosotros, como somos. Algunas veces la sola simple experiencia de saber esto, de saber que nuestro pecado no es lo que nos define, puede finalmente liberarnos.

14

Los Perros del Viernes Santo

No podía ver a los perros, pero sí que podía escucharlos. Tensando violentamente las cadenas atadas a la cerca, con sus ladridos rasgaban mis nervios. Me calmé y en silencio saqué algunos paquetes de tulipanes morados de mi Honda azul mientras Alex, mi pasante, descargó con cuidado el inmenso crucifijo de *La Casa*. Caminamos por una calle oscura sin aceras ni farolas hacia la casa donde, un mes antes, Mayra Pérez, de 23 años, les había disparado a sus propios hijos, de cuatro, dos y un año, antes de apuntar y disparar el arma sobre sí misma. Solo la niña de dos años sobrevivió. Para esta joven madre no hubo esperanza de un alba, de la luz que podía venir a dispersar la oscuridad del Viernes Santo.

Era 2013 y seguíamos con una práctica que habíamos iniciado todos juntos en nuestro primer Viernes Santo cuando, después de la liturgia, nos reunimos todos en un sitio donde se había producido un acto de violencia brutal en nuestra ciudad, y allí oramos y depositamos tulipanes, tulipanes que se les había entregado a los que habían venido a participar de nuestra liturgia de Viernes Santo un par de horas antes y habían sido ya puestos en la cruz mientras cantábamos "¿Sabes bien que en la cruenta cruz murió?"[1] Alex y yo trajimos los utensilios sagrados de la iglesia a las calles sagradas de la ciudad porque a cierto

---

1. *Where You There When They Crucified My Lord?* en el original (*Nota del traductor*)

nivel, la violencia y la desesperación del Viernes Santo, sigue siendo una realidad humana.

Infortunadamente, nunca nos ha faltado la oportunidad de hacer una visita.

Otros feligreses estacionaron en la calle oscura y se nos unieron a Alex y a mí como un *flashmob* lento y silencioso hasta que todos nos paramos cerca del sitio donde la sangre había sido derramada y la esperanza había estado ausente. Poco a poco se formó un círculo de 45 personas de entre nosotros, todos desconcertados por la oscuridad y los perros amenazantes. Me alegré por nuestro número. Si solo hubiéramos sido no más que un puñado me habría aterrorizado estar en ese lugar. Supongo que de todas maneras estaba aterrorizada.

Con sus dos manos, Alex levantó el gran crucifijo, hecho a partir de las ramas de un árbol y una resina pintada siguiendo un molde realista del cuerpo de Jesús. Y empezamos.

☩

Horas antes, esa misma noche, la cruz había sido usada en la iglesia en nuestra procesión de Viernes Santo, una ceremonia bañada en incienso a la luz de las velas. El cantor la sostenía mientras entonaba: "Mira la cruz dadora de vida de la cual pende el Salvador del mundo". La congregación respondió: "Oh, vamos, adorémosle".

Nos habíamos sentado en filas con las sillas apretadas, una frente a la otra, en un espacio completamente vacío, lleno solo de incienso y una mesa de altar vacía cubierta con un mantel negro en el centro de la habitación. Me senté al lado de Kate y Megan. La cruz fue colocada en el altar, en reposo. El aire no se movía. Tampoco nosotros. El cantor comenzó a entonar el Salmo 22, las palabras de un Cristo moribundo: "Dios mío, Dios mío, ¿por qué me has abandonado?" Después, cuando nos sentamos, se entonó la pasión de Jesucristo según el evangelio de Juan.

La historia del juicio de Jesús –las espinas torcidas para formar una corona, la flagelación, los gritos de "¡Crucifícalo!" y "Tengo sed"- luce diferente cuando se recuenta por medio del canto. Algunas cosas solo tienen que ser cantadas para ser escuchadas completamente. Tres voces diferentes cantaron los papeles del narrador, de Jesús y de la multitud.

Kate había ido a la iglesia solo tres veces antes de venir a *La Casa*, pero esa noche cantó los Reproches Solemnes en una liturgia del Viernes Santo. Kate es una hermosa mujer curvilínea, de pelo castaño, que ama las libélulas y el yoga y con frecuencia habla de lo que el universo está tratando de decirle. Su infancia estuvo plagada de alcoholismo y disfunciones, por lo que Kate es como una de esas flores que logra crecer en la basura.

Tres años antes conocí a Megan, la otra mujer que, junto a Kate, cantaba las partes del líder en los Reproches Solemnes, en una tienda *hípster* de ropa hecha localmente, y la invité a La Casa. Megan, cubierta de tatuajes, era una *maven* [2] del rock-'n'-roll que había sido criada como católica pero que no había vuelto a la iglesia por 20 años. Crecer en la ciudad de Nueva York le había dado un filo bastante agudo, pero esa ventaja nunca logró ocultar su corazón generoso. Su vieja camioneta *pickup* roja lucía una serie de stickers en la ventana trasera que anunciaban a los que venían detrás de ella todas las cosas que Megan ama: bandas de rock punk, bandas de rock punk, bandas de rock punk, bandas de rock punk, *House for All Sinners and Saints* (nombre oficial de *La Casa*), bandas de rock punk, bandas de rock punk, bandas de rock punk.

Estas dos mujeres jóvenes, ninguna de las cuales probablemente nunca estarían en una iglesia, se sentaron una junto a la otra, cantaron los Reproches Solemnes, un rito del Viernes Santo que data del siglo IX.

Todos los reproches comienzan con Miqueas 6:3: "Pueblo mío, [Oh mi iglesia,] ¿qué te he hecho? ¿Dime en qué te he ofendido? ¡Respóndeme!" Luego, cada reproche pasa a aludir a una gracia o don de

---

2. Maven: palabra yiddish que significa: acumuladora de conocimiento (*Nota del traductor*)

Dios enunciados en la Biblia seguidos de la respuesta humana que es rechazar el regalo -un instinto humano que siempre termina de la misma manera: el sufrimiento de Dios.

Oh pueblo mío, oh iglesia mía, ¿qué te he hecho, o en qué te he ofendido? Respóndeme.
Yo fui quien te sacó de Egipto,
quien te libró por las aguas del bautismo,
pero has preparado una cruz para tu Salvador.

La congregación cantó el *Trisagion* (el "tres veces santo" de la tradición Ortodoxa Oriental) -"Dios santo, santo y poderoso, santo e inmortal, ten piedad de nosotros"- como respuesta a cada uno de los reproches.

Mientras Kate y Megan cantaban ese canto antiguo, se sentía como si sus voces llegaran a través de dos mil años de fe cristiana trayendo de regreso a nuestro recinto juntamente con el canto toda la fuerza de la locura de la humanidad. Nosotros, los humanos, no sabemos realmente cómo responder al tipo de gracia y amor que se nos muestra en Jesucristo. Cada reproche apuntalado en el vigor del anterior, al igual que la respuesta que la congregación entonaba. Y de alguna manera la verdad de Dios y la humanidad, la verdad de un don y su rechazo se hizo real en las vibraciones de nuestro canto. Incluso los más cínicos y no religiosos entre nosotros, por momentos no podían evitar que sus ojos se encharcaran por las formas en que a veces rechazamos la bondad, nos apartamos del amor y tomamos decisiones que nadie que nos ame jamás haría en nuestro nombre. Pero no era culpa lo que estábamos sintiendo. Al menos no la que la iglesia suele manufacturar. Sé lo que se siente, y esto era diferente.

Porque el Viernes Santo no se trata de que tratemos de "estar bien con Dios". Se trata de que entremos en la diferencia entre Dios y la humanidad para solo rozarla por un momento. Tocar la tristeza reluciente de la insistencia de la humanidad en que podemos ser nuestros propios dioses, que podemos ser puros y todopoderosos. Algunos pueden pensar que la espiritualidad significa alcanzar un estado transcendente incorpóreo en algún lugar del éter. Pero no es allí donde encontramos a Dios… ahí es donde tratamos de ser como Dios y eso es diferente. El Viernes Santo es una muestra de remordimiento severo y sin disculpas. Remordimiento por la forma en que la humanidad nos mata a nosotros y a la creación, y al amor y a Dios mismo.

La experiencia del Viernes Santo es sentir el dolor de una realidad enteramente cruda, no filtrada. Es como si la atmósfera, la capa protectora entre nosotros y el sol, desapareciera por un momento y nos estuviéramos quemando. Me pregunto si Dios es como el sol de esa manera y si esa es la razón por la que Moisés no podía mirar a Dios, porque necesitamos una barrera protectora. Necesitamos a Dios para que nos dé luz y calor, pero también necesitamos algo de protección contra Dios, no porque Dios sea un bastardo que se lo pasa enojado, como algunos nos quieren hacer creer, sino porque nos paralizaríamos bajo la verdad sin filtrar de Dios.

Es por eso que hacemos la liturgia del Viernes Santo una vez al año. Ninguno de nosotros podría soportarla más a menudo.

Sin embargo, si nunca se tocara la verdad de estas cosas, viviríamos tan solo a medias.

Después nos sentamos frente al altar y cantamos la muerte de Jesús. Comenzamos con la adoración de la cruz –un tiempo que cierra la liturgia del Viernes Santo, cuando los fieles están invitados a mostrar su respeto, solemnemente acercarse al altar, primero solo una persona, luego varias, y finalmente 10 o menos a la vez. Muchos simplemente pusieron en la cruz los tulipanes morados que habían recibido para ese propósito, otros la tocaron con amor o la besaron, y algunos incluso se inclinaron inconscientemente en el suelo en oración, se arrojaron a tierra como solo los devastados lo pueden hacer.

Luego nos dirigimos al sitio de chatarra resguardada por los ladridos amenazantes de los perros, el lugar del doble asesinato y el suicidio, y por segunda vez esa noche nuestro crucifijo fue colocado en el centro de los reunidos, porque el Viernes Santo no es solo un evento particular en la historia que elegimos recordar un par de días antes de la Pascua. En cierto sentido, aunque no podemos manejar el dolor de reconocerlo, en realidad, el Viernes Santo ocurre todos los días.

Después de cantar en el salón parroquial con el corazón, con lágrimas y con voces temblorosas: "¿Sabes bien que en la cruenta cruz murió?" estábamos en ese horrible sitio y le preguntábamos a nuestro Señor crucificado: "¿Sabes bien que Mayra Pérez se llevó tres vidas?"

Como personas que creen en un Dios que sufrió violencia y aflicción y que respondió con amor, teníamos que creer que sí.

Luego, con los tulipanes morados en nuestras manos y Alex todavía sosteniendo la cruz, cantamos la primera nota del *Trisagion*, "*Dios santo, santo y poderoso, santo e inmortal, ten piedad de nosotros*". Cada uno de nosotros tomó tímidamente un ramo de tulipanes y lo puso amorosamente en el suelo mientras cantábamos de nuevo: "*Dios santo, santo y poderoso, santo e inmortal, ten piedad de nosotros*".

Y de repente, como si se estuviera siguiendo un libreto, los perros dejaron de ladrar. Como si sus ladridos también hubieran sido súplicas de la misericordia de Dios, y estuvieran agradecidos que nosotros nos hubiéramos hecho cargo por unos minutos. Y luego, en el momento en que dejamos de orar, retomaron su pancarta de protesta y demandas, y reanudaron su cacofonía.

Sin hablar, dejamos a los perros ladrando, nos fuimos con la cruz, y dejamos los tulipanes ahí, en esa tierra fría y sagrada. Así, nos fuimos a casa a esperar el amanecer.

En el auto, ya de regreso, después de unos minutos de silencio le pregunté a Alex: "¿Qué demonios acaba de pasar?"

"No tengo idea. Pero sé que algo sucedió".

⸻

Una semana más tarde recibí una llamada de Laurel, que trabaja para una organización de trabajo comunitario basada en la fe.

"Uno de nuestros clérigos que trabaja en programas de prevención de la violencia por las armas me llamó esta mañana", dijo Laurel. "Una de las familias del barrio le contó que un grupo de cristianos al azar vinieron al sitio donde había ocurrido el doble asesinato y suicidio y que estuvieron cantando, orando, y que llevaban una cruz. Él quería que supiéramos que el barrio estaba observando. El Pastor Tyler quiere que sepas lo agradecido que está por lo que hizo *La Casa* y cómo fue de ayuda para todos que trajeran un sentido de sanidad".

Estaba tan oscuro. No teníamos idea de que alguien estuviera mirando.

15

Viñetas de una Vigilia de Pascua

I. LOS RESTOS FUNDIDOS

Veintidós horas después de arrojar tulipanes en el suelo frío, nos reunimos el Sábado Santo, en la oscuridad y otra vez afuera, en el patio donde habíamos sido lavados y perdonados el Jueves Santo. Pero esta vez, nos reunimos alrededor de una hoguera cuya luz representa la esperanza de la resurrección.

Una nueva vela pascual se enciende en ese fuego y la luz se comparte con todos los que están presentes, velas en mano, protegiéndose del viento. En todo el año venidero esta vela se encenderá siempre que haya paramentos[1] blancos expuestos en la iglesia: en bautizos y funerales, así como en la Pascua y el Día de Todos los Santos. Pero la de esta noche es una nueva vela. Y sin embargo para nuestra comunidad es también algo siempre viejo, una vela formada a partir de los restos derretidos de un año calculado en velas, salpicadas de imperfecciones gloriosas.

II. LAS ABEJAS, SIERVAS DE DIOS

Religiosamente hablando, Andie había sido o bien nada, o bien unitaria,[2] cuando ella se unió a otras siete personas para iniciar conmigo *La Casa* en el otoño de 2007. Es una hermosa chica robusta, tatuada y *queer* con una impresionante voz de contralto.

---

1. Los paramentos son las cubiertas de tela en el altar, el púlpito y la estola del pastor (una prenda a modo de bufanda).
2. En este caso, una persona que es miembro de la Iglesia Unitaria, una denominación protestante que rechaza la Trinidad y afirma que Dios es uno solo, o una persona que sigue esa creencia. No se debe confundir con la rama del pentecostalismo que se conoce con ese mismo nombre (*Nota del traductor*)

Unos seis meses después de unirse me envió un mensaje de texto, "Hey Rev, creo que necesito un poco de cuidado pastoral".

Nos reunimos al día siguiente para tomar un café, y cuando le pregunté qué había pasado me dijo: "Creo que estoy teniendo una crisis de fe".

A lo que pensé, *¿Qué demonios puede ser eso para una Unitaria?*

"Sí" continuó. "Creo que creo en Jesús". Oh. Entonces es eso en tales casos.

"Lo siento mucho" le contesté. "Pero sucede que a veces Jesús sale a tomarte de sorpresa y no hay nada que puedas hacer al respecto".

Ahora, cinco años después, durante la Vigilia Pascual, al entrar desde el patio con nuestras velas encendidas por el nuevo cirio pascual en nuestro espacio de culto en penumbras, es la voz de Andie la que llena la sala cantando el *Exsultet*, un antiguo canto sobre la Vigilia Pascual. De vez en cuando ella canta el estribillo, "Esta es la noche..." y la congregación responde, "Esta es la noche". El canto inquietante narra la luz del cirio pascual que refleja la Luz de Cristo, e incluye (esa es mi parte favorita) una acción de gracias a Dios por las abejas, siervas de Dios:

> Cantamos las glorias de este pilar de fuego,
> cuyo brillo no disminuye
> incluso cuando su luz se divide y se presta.
>
> Porque se alimenta de la cera derretida que las abejas,
> tus siervas,
> han hecho para el sustento de esta vela.
> Esta es la noche [Esta es la noche]
> en la que se unen el cielo y la tierra
> -cosas humanas y cosas divinas.

Si se llegan a encontrar cantando alabanzas por las abejas, las siervas de Dios, cuyo trabajo sirvió para hacer una vela pascual, entonces es que

Jesús a lo mejor anduvo tomándolos por el culo de sorpresa. Y no hay nada que puedan hacer sino seguir cantando el Sábado Santo mientras esas notas se unen a las cosas humanas y las cosas divinas.

III. HUESOS SECOS

Los domingos en *La Casa* cantamos un salmo y leemos del evangelio, una epístola y un texto de la Biblia hebrea, pero en la Gran Vigilia de la Pascua, tradicionalmente hay doce lecturas. Una noche al año nos contamos unos a otros las grandes historias de nuestra fe para que podamos recordar quiénes somos. Una vez al año nos reunimos alrededor del fuego de un cirio bellamente imperfecto y nos hablamos, unos a otros, acerca de Dios y su pueblo.

Stephen, nuestro amigo que luce como si fuera una estrella de cine entrada en años y aparece en la lista de *Fortune 500*, quería hacer la lectura del Valle de los Huesos Secos del libro de Ezequiel.

Cuando Stephen se acercó con su hoja de papel, la luz destellando en el cabello entrecano de su cabeza perfecta, nos dijo que se sentía emocionalmente muerto y que por esa condición, nada parecía hacer ninguna diferencia:

> *Ningún sitio web;*
> *Ninguna relación;*
> *Ningún computador Mac ni iPhone;*
> *Ningún ejercicio, dieta, suplemento alimenticio;*
> *Ningún trabajo, cargo o título en mi tarjeta de presentación;*
> *Ninguna cantidad de Coca Cola dietética, buen whisky o mala cerveza;*
> *Ningún libro de autoayuda, terapista ni clase de superación personal.*
> *Ningún coche, casa, ni cualquier otro símbolo de estatus que pueda pensar comprar;*
> *Ninguna película ni videojuego, ni cuán verdaderamente impresionante pueda ser Doctor Who.*

*Todos han hecho nada más que anestesiar temporalmente
el anhelo en mi alma de ser completo, de ser integral, de estar
conectado, de estar bien, amar y ser amado como lo estoy ahora que
tengo
demasiado peso, demasiadas deudas, demasiada depresión, demasiadas
canas, demasiado friki, y no lo suficientemente adecuado para todo
lo demás.*

*Y me desespera que este viaje mío en esta roca alrededor del sol
a sesenta y siete mil millas por hora sea solo una especie de mal
chiste cósmico.*

*Pero entonces recuerdo. Recuerdo el Valle.
El Valle de los Huesos Secos.*

*Dios le habla al profeta Ezequiel y lo guía
hacia algo parecido a una tumba abierta masiva.*

*Es un valle cubierto, de un extremo a otro, con nada más que
La humanidad en su médula -huesos
secos. En este valle no hay absolutamente
nada de esperanza de vida.
Dios le dice a Ezequiel que grite, que les clame a esos huesos secos,
que les clame a los hijos de Dios. Diles que se levanten, diles que se
levanten,
diles que escuchen a Dios y se levanten. Ellos escuchan.*

*Y Dios los levanta, los vuelve a juntar
y sopla en ellos. Y vuelven a respirar. Y Dios los llena con el
Espíritu. Y donde una vez hubo muerte, desesperanza, y
desesperación, hay ahora nueva vida.*

Al oír eso, hay luz. Hay esperanza. Y eso es suficiente.

Esa noche *fue* suficiente. Fue suficiente para que Stephen, el hombre ridículamente exitoso, con una depresión debilitante, dejara al descubierto la verdad de la sequedad de sus huesos en una habitación de amigos y desconocidos, para que ellos y él pudieran oír la historia de cómo a veces el mismo aliento de Dios puede volver a juntar, hueso por hueso, lo que pensamos que estaba muerto.

Una semana después, Stephen me confesó que su lectura no es probablemente algo que haga la mayoría de vicepresidentes de grandes compañías, pero que de alguna manera se sentía seguro en nuestra comunidad y quería estar abierto a algo más grande que él mismo.

A veces me pregunto si es en eso en lo que consiste la fe: en correr el riesgo de una apertura a algo más grande que nosotros –algo para lo cual estamos hechos y, sin embargo, sin lo cual no estamos completos; nuestro origen y nuestro final.

IV. EL HORNO DE FUEGO USA TENNIS

No estaba preparada del todo para lo que sucedió en la narración final: la liberación del horno ardiente en el libro de Daniel.

Un grupo de cinco personas, todas mayores de cuarenta años, montó en escena una interpretación jocosa de la historia. Los personajes principales, Sadrac, Mesac y Abednego, todos ellos luciendo las túnicas del coro, gafas de sol y las letras brillantes S, M y A en el pecho, formaron un grupo de *doo-wop*[3] para cantar la historia. Divertidísimo. Pero nada comparado con la parte de la historia cuando el rey los arroja a un horno de fuego.

La niebla producida por una máquina de humo cubrió el escenario y de allá salió de repente Amy Clifford. Amy, la persona encargada

---

3. Estilo de música popular caracterizado por voces cerradamente armonizadas y letras sin sentido que se originó en Estados Unidos en la década de los años 50 (*Nota del traductor*)

de los detalles detrás-de-cámaras, en todo su esplendor de mujer del sur estadounidense, fuerte, tatuada, voluminosa, ¡era el horno ardiente! Ella llevaba un mini vestido naranja brillante adornado con grandes lentejuelas redondas que cambiaban con la luz, una enorme peluca negra, zapatillas Chuck Taylors color naranja, y llamas de fuego hechas en papel pegadas a sus manos. No estoy segura de cuánto tiempo pasó antes que la gente dejara de reírse, pero en eso dejamos un largo rato. Y haber contado con ese momento para la risa fue tan importante como cualquier otra cosa que hicimos en esa Semana Santa.

V. ALELUYAS MOHOSAS

La palabra aleluya no se dice ni se canta durante la temporada de Cuaresma. De hecho, en algunas iglesias entierran todos los pendones de tela que lleven la palabra *aleluya* el Domingo de Transfiguración (la semana antes de que comience la Cuaresma) y no los desentierran sino hasta la Vigilia de Pascua como un símbolo de la muerte y la Resurrección.

La primera vez que desenterramos un pendón de Aleluya después de la Letanía de los Santos en la Vigilia de Pascua, fue difícil decidir qué era lo peor: si el mal gusto en el diseño almibarado del pendón ocultando el moho, o el moho tapando el mal gusto almibarado. Algunos decían que el mal gusto puesto que en ese primer Domingo de Transfiguración, cuando nos dimos cuenta de que en realidad no teníamos un pendón de Aleluya para enterrar, fuimos y le echamos mano a los materiales que encontramos para hacer alguna obra manual –*spray* para el brillo, pistolas de pegamento, marcadores, y pompones diminutos- y dejamos que todos se las ingeniaran para hacer uno ahí mismo (incluyendo mi hijo Judah, que por entonces tenía nueve años, quien dibujó lo único que él sabía hacer: Garfield, la cara boca abajo del gato encima de la u de *Aleluya*). El resultado fue horrible. Los pendones de Aleluya hechos con entera libertad no son geniales; simplemente terminan pareciéndose a esos proyectos artesanales destellantes realizados por niños mentalmente enfermos.

¡Nos esforzamos tanto ese primer año por ser espectaculares, originales, evitando la práctica tan común de "enterrar" el Aleluya *dentro* de la iglesia! No iba a funcionar.

Lo que puedo decirles es que si se les da por envolver en lino un pendón de un Aleluya cara dulzona de Garfield hecho en casa con pistola de pegamento y lo entierran en el suelo durante cuarenta días, cuando la congregación en la Vigilia de Pascua regrese de la Letanía de los Santos y los niños caven frenéticamente en el suelo, y retiren el bulto de tela de la tierra, el pendón va a tener un moho de los mil demonios. Borrosos puntos negros van a espolvorear la cara boca abajo de Garfield para acompañar los pequeños pompones. Pero eso está bien. En cierto modo, todos nuestros aleluyas son un tanto almibarados y/o un tanto mohosos.

VI. LUZ

Jim nunca participa en la Letanía de los Santos. Le parece que eso es demasiado raro. El Ladrón lo robó una noche de Adviento –le robó su certeza de que la iglesia no era para él- pero Jesús no logró hurtar su sospecha de niño Bautista de que nuestras cosas son un poco "católicas".

El resto de nosotros nos reunimos afuera con un incensario y vamos en lenta procesión alrededor del exterior de la iglesia, cantando los nombres en nuestro libro de los muertos, invitando a la gran nube de testigos a que ahora den con nosotros testimonio de la resurrección de nuestro Señor.

Yo canto, "San Pedro y María Magdalena".

Y la congregación responde: "Vengan a celebrar con nosotros".

"Vincent van Gogh y Martin Luther King Jr."

"Vengan a celebrar con nosotros".

"Amy Mack y Billy".

"Vengan a celebrar con nosotros".

Jim se quedó atrás para dirigir las "hadas de las flores" que son los que se quedan atrás para preparar el espacio para cuando todos regresen. Cuando su trabajo ya se ha hecho, y cuando los niños, habiendo regresado de la Letanía de los Santos habían ya desenterrado el Aleluya, Jim oye los tres golpes en la puerta cerrada de la iglesia y la abre teniendo cuidado de quitarse rápidamente del camino mientras la gente entra cantando juntos "Aleluya" por primera vez desde el comienzo de Cuaresma.

Entramos así en una habitación ahora llena de luz y lirios de Pascua y cantamos como solo las personas que han sido perdonadas y que se han lavado sus pies los unos a los otros y han conocido la traición y saboreado la muerte y arrojado tulipanes en la oscuridad y sostenido velas más pequeñas y recordado la historia de Dios y la del pueblo de Dios e invitado a todos los fieles que los han precedido a unírseles dando testimonio de la resurrección, pueden cantar.

Celebramos la Eucaristía y tuvimos el mayor número de bautismos posibles. Cuando la vigilia había ya terminado, nos entregamos a la fiesta y al baile. Bailamos con alivio, con alegría, trascendencia. Y resurrección.

Por lo tanto, en esta noche de gracia, recibe, oh Dios,
Nuestra alabanza y acción de gracias por la luz de la
Resurrección de nuestro Señor Jesucristo, reflejada
En el cirio que se consume.
Cantamos las glorias de este pilar de fuego,
    cuyo brillo no disminuye
    incluso cuando su luz se divide y se presta.

Porque se alimenta de la cera derretida que las abejas,
    tus siervas,
han hecho para el sustento de esta vela.
Esta es la noche en la que se unen el cielo y la tierra
    -cosas humanas y cosas divinas

Por lo tanto, te rogamos, oh Dios, que este cirio,
    ardiendo en honor a tu nombre, continúe
    para vencer la oscuridad de la noche y se mezcle
    con las luces del cielo.
    Que Cristo, la Estrella de la Mañana, lo encuentre ardiendo, aquella
    Estrella de la Mañana que nunca se pone, esa Estrella de la Mañana
    que, levantándose de la tumba, arroja fielmente su luz
    sobre toda la raza humana.

16

Fuegos de Carbón y Celdas

Nunca debí haber revisado mi correo electrónico mientras estaba de vacaciones. Especialmente unas vacaciones en México Falso. (Lo que llamamos "México Falso" se encuentra geográficamente en el país de México, pero es solo un complejo muy agradable llamado Gran Riviera Maya).

Era la segunda vez que mi esposo, Matthew, y yo íbamos a México Falso con nuestros amigos Jay y Annie, quienes, como nosotros, también son lo que ustedes llamarían pastores luteranos. Así que la semana después de la Pascua de 2013, los cuatro nos registramos en un *resort* con un solo plan: leer libros de playa acostados en nuestras palapas (esas chozas de paja de techo cónico, comunes en las playas y desiertos mexicanos, pero esta vez instalados artificialmente) junto a la piscina. Comer buena comida. Pasar el tiempo. Repetir.

Por constitución soy incapaz de dormir demasiado, incluso durante mis vacaciones en México Falso, así que en el tercer día dejé de intentar dormir y me preparé mi café temprano, pagué los 120 pesos que cuesta un día de acceso inalámbrico, me senté en el sofá verde limón, y abrí mi Facebook. Había ahí un mensaje de un pastor joven que había estado en mi grupo turístico a Tierra Santa y que decía: "Solo quiero confirmar que ya sabes lo que le pasó a Bruce".

Ese es quizás uno de los mensajes más inútiles en toda la historia de la mensajería.¿Qué demonios le pasó a Bruce, el obispo que yo había pastoreado mientras su esposa moría, el hombre que había guiado nuestro viaje a Tierra Santa hacía solamente cinco meses? ¿Había muerto? ¿Se había lesionado?

Fui a la página de Facebook de Bruce y todo lo que vi fue una publicación de un amigo que decía: "Supimos lo del accidente y estamos orando por ti".

Mierda. Bruce estaba herido y yo estaba en México. Mi teléfono no tenía señal. Finalmente encontré a Nick en línea. Nick trabajó un tiempo en la misma iglesia con Bruce y los dos eran amigos cercanos.

En un breve intercambio de mensajes instantáneos supe que dos noches antes, Bruce se había puesto al volante con -lo que las pruebas más tarde demostrarían- un nivel de alcohol en la sangre superior al permitido por ley, perdió el control, y atropelló a una madre de tres hijos, de 52 años, quien murió. Para cuando supe todo eso yo estaba en mi lujosa habitación en un *resort* en México, y Bruce estaba solo, en la cárcel. Era una imagen que no podía desterrar de mi mente. Él estaba en la cárcel. Él había matado a alguien.

Por lo general sé que lo mejor es no predicar el día después de mi regreso de unas vacaciones, pues sé que inevitablemente estaré pensando en el sermón durante varios días antes de lo que se supone que deba hacerlo, pero en este caso lo olvidé. Empecé a trabajar en mi sermón en el vuelo de regreso.

"¿Puedo conseguirle algo de beber?" preguntó la mujer de unos sesenta años que lucía el uniforme de United Airlines mientras me pasaba una servilleta. Por una fracción de segundo pensé en pedir un vodka y un refresco, un pensamiento demente para una alcohólica en recuperación. Cada vez que muere uno de mis amigos a causa del alcoholismo o que sufre una tragedia relacionada con el alcohol, me sucede que al mismo tiempo le huyo al alcohol y me siento perversamente atraída por beber.

"Café. Y un poco de leche. Gracias".

El texto del evangelio para ese domingo era la historia de la Resurrección en Juan, donde los discípulos están pescando en un bote y ven a Jesús asando peces en la playa y Pedro (el que negó a Jesús) nada hacia él. Jesús le pregunta a Pedro si lo ama y Pedro, tres veces, dice que sí.

Pero la imagen de mi amado amigo Bruce sentado en una celda en la cárcel interrumpía una y otra vez mis intentos de enfocarme en el texto. Yo no podía dejar de pensar en todo el remordimiento, la vergüenza, y el miedo que lo debían estar embargando. Y al mismo tiempo no podía evitar pensar en la vida inocente que Bruce había tomado, y mis entrañas se revolvían ante todo ese lío maligno y triste.

En los momentos en los que no tenemos palabras, cuando no sabemos qué pensar porque estamos sintiendo demasiadas cosas a la vez, siempre está la liturgia, las palabras del pueblo de Dios que han resonado por milenios y que pueden hablar por nosotros –palabras que podemos tomar prestadas para nosotros.

Solo seguí repitiendo: *Kyrie eleison, Christe eleison, Kyrie eleison*. (Señor ten piedad, Cristo ten piedad, Señor ten piedad). En ese vuelo de regreso a Denver desde México Falso, no hice más que juguetear con la hebilla metálica de mi cinturón moviendo la cubierta de seguridad arriba y abajo –soltándola, agarrándola, soltándola, agarrándola- y cantando en silencio una y otra vez, *Kyrie eleison*. Ninguna otra palabra, ningún otro pensamiento, hubieran bastado.

El *Kyrie* lo cantamos todas las semanas, la pieza de la misa cristiana que sigue estando en griego. Por alguna razón nunca llegó al latín como el resto de la liturgia sí lo hizo.

Pero, ¿qué *queremos decir* cuando decimos "Señor, ten piedad"?

Algunos dirían que le estamos pidiendo a Dios que no nos castigue por nuestro pecado, que no haga llover sobre nosotros su furiosa y violenta venganza. Y tal vez hay un lugar para eso. Tal vez pedir la misericordia de Dios es como decir, rogamos que tu misericordia esté con nosotros porque la nuestra no es suficiente. Pedimos que tu sabiduría esté con nosotros, que tu amorosa bondad esté con nosotros porque simplemente no contamos con suficiente de parte nuestra. Y seguimos arruinándolo todo. Parece que nos sentimos motivados a rogarle a Dios especialmente en situaciones en las que estamos abrumadoramente conscientes de nuestras deficiencias y nuestra pequeñez.

Si alguien seguramente entendió esta necesidad de misericordia fue Pedro. Él había sido un pescador común y corriente cuando Jesús se acercó y le dijo: "Sígueme". Pedro dejó caer sus redes y todo lo que había conocido y siguió a este Jesús de Nazaret. Y con él, caminando juntos por el camino, Pedro había visto grandes cosas. Maravillas milagrosas, curaciones, actos de poder y de gracia. Pedro fue el primero en llamar a Jesús el Mesías. Él era, sobre todo, ferviente en su devoción.

Y sin embargo, cuando todo había sido dicho y hecho, Pedro, como muchos de nosotros, fue incapaz de estar a la altura de sus propios valores e ideales. Cuando llegó la hora de la traición y muerte de Jesús, Pedro no se mantuvo valiente al lado de Jesús. Él optó, en cambio, por calentarse anónimamente en una hoguera cercana. Pero no se pueden calentar los pies que se han enfriado tanto. Y él no pasó desapercibido como había esperado. Tres veces le preguntaron los transeúntes: "Espera, tú lo conoces, ¿verdad?" y tres veces Pedro dijo: "No, yo no". Él amaba a Jesús, pero en la hora de necesidad Pedro incluso negó que lo conocía. Fue probado y se encontró que no daba la medida. *Kyrie Eleison*. Señor, ten piedad.

Cuando suceden cosas realmente de mierda y aún debemos continuar con nuestra vida, es difícil mantenerse enfocado. Incluso cuando yo estaba tratando de alejar de mi mente el cuadro de una mujer de edad mediana muerta en la carretera y el de Bruce en una celda, en la cárcel, para poder concentrarme en mi sermón, las imágenes reptaban lentamente de regreso como si estuvieran pirateando una señal en mi cerebro.

Pero a veces lo que sigue zumbando en mi cabeza, y que yo espanto como si fuera una mosca para poder escribir un sermón, en realidad termina *siendo* el sermón. Bruce no me distrajo pensando en Pedro. Bruce era Pedro.

¿No sería que Pedro pudo haber estado lleno de algo más que remordimiento crudo y arrepentimiento inútil? ¿Se aborrecía Pedro? ¿Cómo pudo haber vivido consigo mismo después de lo que había hecho? ¿Cuántas veces después de la muerte de Jesús esas horas se repitieron en la cabeza de Pedro deseando más allá de toda esperanza poder volver atrás y cambiarlo todo? ¿Reescribir su propio pasado? ¿Ser el hombre que deseó haber sido? Señor, ten piedad. ¿Quién de nosotros no puede relacionarse con *esa* sensación?

¿Qué podría llenar cada centímetro de la celda de Bruce, excepto remordimiento, arrepentimiento, odio a sí mismo, y el deseo de poder retroceder en el tiempo y no entrar en ese coche? Si tan solo pudiera reescribir el pasado. Si tan solo pudiera no haber hecho esa cosa horriblemente irresponsable, una madre estaría viva, su familia la tendría en casa para amarla y apreciarla por los años venideros, y Bruce no enfrentaría años en prisión ni el chaleco emocional, pesado como el plomo, de saber que se había llevado la vida de alguien más. Él aún estaría desarrollando su ministerio pastoral, ayudando a los cristianos palestinos, llorando a su difunta esposa, Cynthia, en la cama que habían compartido, apoyando a un hospital en la India, y en general seguir siendo el buen hombre que era para amar a la gente. Pero eso no iba a suceder. Hay suficiente tragedia en esta historia, alcanza hasta para servirles a todos porciones generosas y para que repitan.

Todo lo que sé es que si bien Bruce no puede reescribir sus acciones desde la semana del 7 de abril de 2013, y una amada esposa y madre se habrá ido para siempre dejando a su esposo e hijos, simplemente tenemos que aferrarnos firmemente a la verdad de que Dios puede redimirlo. No es para minimizar la pérdida indescriptible de una vida. No es para minimizar la necesidad de justicia. Pero Dios es el Dios de la Pascua. Cuando Pedro salta al mar y se encuentra con Jesús en la playa asando pescado sobre unos carbones encendidos, me imagino que en Pedro se desencadenó un recuerdo olfativo de otra hoguera de carbones encendidos. Un fuego de carbón alrededor del cual se calentó en su propia autoprotección y en el miedo. Negando a su Señor y calentándose las manos. Su propio olor a vergüenza.

¡Pero el Cristo resucitado hace una cosa tan insoportablemente amorosa y misericordiosa! Él no reprende a Pedro por haberle fallado en su tiempo de necesidad. En cambio, le da desayuno, y luego le da tres oportunidades para que proclame su amor, una por cada una de sus negaciones.

"¿Me amas, Pedro?"

Con el olor a carbón en sus fosas nasales, ¿podría acaso Pedro responder que "sí" sin lágrimas en sus ojos?

"Te he fallado, Señor, y te he negado en tu hora de muerte, a pesar de que todo en mí sabía que me estaba equivocando, pero sí. Tres veces sí. Te amo, Señor. Ten piedad de mí".

Cuando me senté en el avión, jugueteando con mi cinturón de seguridad y pensando en Pedro en esa playa, comencé a ver a Jesús con Bruce. Bruce, lleno de vergüenza y remordimiento, y Jesús le da una barra de *Clif* y le pregunta tres veces, "¿me amas?"

※

El adjetivo que a menudo se combina con la misericordia es la palabra *tierna*, pero la misericordia de Dios no es tierna. Esta misericordia es un instrumento contundente. La misericordia no envuelve a los delincuentes en una manta tibia y floja. La misericordia de Dios es de la que mata lo que maltrató y resucita algo nuevo en su lugar. En nuestra culpa y remordimiento, no deseamos nada diferente a tener la capacidad de reescribir nuestro propio pasado, pero lo que se hizo no se puede deshacer, no se va deshacer.

Pero estoy aquí para decir que en la misericordia de Dios el pasado puede ser redimido. Más que a cualquier otra, me aferro a la verdad de que Dios tiene la capacidad para redimirnos. Tengo que aferrarme a ella. Necesito aferrarme a ella. Quiero aferrarme a ella. Porque cuando decimos "Señor, ten piedad" ¿qué otra cosa podríamos querer afirmar que no sea esa verdad?

※

Y decir "Señor, ten piedad, Cristo, ten piedad, Señor, ten piedad" es poner nuestra esperanza en la obra redentora del Dios de la Pascua como si nuestras vidas dependieran de ello. Porque nuestras vidas dependen de ello. Significa que nosotros somos el pueblo de una Pascua, un pueblo que sabe que la resurrección, especialmente en y entre las personas y lugares menos probables, es la forma en la que Dios redime, incluso el caos de marca mayor que causamos -el mío, el de Pedro, el de Bruce.

17

Judas Recibirá Ahora Tu Confesión

Una vez me senté en el lecho de muerte de una amiga para escuchar su confesión y llevarle la Eucaristía. Ella andaba por sus setenta, moría de enfisema y necesitaba un clérigo. Que esa persona del clero fuera yo era al mismo tiempo algo irónico y poético, puesto que 20 años antes, esta misma mujer, Suzanne Lynch, básicamente me había salvado el culo. Yo era una chica totalmente perdida que trataba de mantenerse sobria, y ella era una abogada que vivía en la parte agradable de la ciudad y que vio en mí algo que nadie más (especialmente yo misma) podía ver. Ella se atrevió a pensar que yo podía ser algo más que ese enredo de enojo y dependencia del alcohol que era en ese momento. Yo no tenía a dónde ir y apenas podía pagar mis propias compras cuando Suzanne me invitó a vivir en la habitación de los huéspedes en su casa, mientras yo trataba de ponerle cierto orden a toda mi mierda.

Y ahora, dos décadas después, me siento junto a su moderno sillón reclinable en la sala de estar en un edificio que sirve de hogar para adultos mayores en Denver, lista para que ella me confiese sus pecados. En la mesa para el café al lado de donde estamos, los ejemplares del *New York Times* se apilan en hileras vacilantes junto a suministros médicos y fotos de la familia.

"Suzanne, dime las cosas que pesan sobre tu conciencia", le pregunté después de haber aceptado una cantidad apropiada de conversación inocua.

"Bueno, definamos primero la conciencia".

"Pura mierda, presidente Clinton", le contesté. "Estás evitando la pregunta".

Me lanzó una mirada de ceja levantada pero ya no tenía el espíritu litigante de abogada, así que se resignó a lo inevitable y contó, con una brevedad que no había visto antes en Suzanne, las cosas que había hecho y que le habían sido problemáticas. Algunas eran divertidas, otras tristes, y una era particularmente dolorosa. Pero no aparté mi mirada de esta mujer frustrante, brillante y extraña. Escuché sus secretos mientras sostenía su mano magullada y delgada, cual si fuera de papel. Yo le pregunte si ella creía que la palabra de perdón que yo estaba a punto de proclamarle era de Dios.

"Yo creo".

Y entonces le proclamé la palabra de Dios: que ella era perdonada. Ella no era la suma total de sus errores. Dios era más poderoso que todas sus cagadas.[1]

Suzanne enjuagó sus lágrimas con su mano temblorosa. "Me siento increíblemente más liviana" dijo. Suzanne sintió lo que Judas Iscariote nunca tuvo la oportunidad de sentir.

Después de que Pedro negó a Jesús, experimentó la Pascua, pero después que Judas hubo traicionado a Jesús, compró un campo, tropezó y cayó, y sus entrañas se abrieron de golpe. Murió solo en un campo de sangre. Murió sabiendo que era un pecador y tal vez pensando que Dios no lo quería.

No hubo Pascua para Judas. No hubo resurrección. No hubo un rayo de luz que resplandeciera y que la oscuridad no pudiera vencer.

---

1. Cabe señalar que proclamar el perdón de Dios a alguien como una "palabra de Dios" es categóricamente diferente de decirle a alguien: "Dios puso en mi corazón para decirte que necesitas [completar el espacio en blanco]". En varios puntos de los evangelios, Jesús llama a proclamar el perdón de los pecados en su nombre. "Estás perdonado" es esa autoridad que podemos usar para decírnoslas unos a otros. Muy a menudo la gente trata de usar el nombre de Dios para darle autoridad a sus opiniones y complejos y ambiciones personales. Esto es vanidad, tal como lo es usar el nombre del Señor en vano.

Judas nunca llegó a estar lleno de alegría increíble en el Pentecostés como la que experimentaron los que estuvieron en el aposento alto. Nunca llegó a meter los dedos en las heridas de Dios. Él nunca llegó a comer pescado sacramental asado en una playa, servido por el Cristo resucitado. Judas nunca experimentó la derrota del pecado y la muerte que se revela en el partimiento del pan. Él escogió la muerte antes que ver que la muerte había sido vencida. Nuestro hermano Judas.

¿Pero qué fue lo que hizo tan imperdonable? ¿Cómo es que Judas, que traicionó a Jesús una vez y se llenó de remordimiento, se convirtió en villano, mientras que Pedro, que negó a Jesús tres veces y lloró amargamente, se convirtió en la Roca sobre la que se construyó la iglesia? En un último análisis, ¿cuál es la diferencia entre Pedro y Judas? Bueno, tal vez ninguna. Y quizás no haya tampoco mucha diferencia entre nosotros y ellos.

Pero podemos compartir algo con Pedro que Judas nunca pudo experimentar y es lo que podría haber hecho toda la diferencia. En su aislamiento, Judas nunca se valió de los medios de gracia. Judas llevó con él a ese campo la carga de no experimentar la gracia de Dios, porque fue sacado de la comunidad en la que pudo haberla oído. A los oídos de Judas nunca se filtró una palabra de gracia. Y les digo que eso no es algo que el pecador pueda generar por sí mismo ni por sí misma. Es casi imposible fabricar en aislamiento la bella gracia radical que fluye desde el corazón de Dios hacia la bendita y quebrantada humanidad de Dios. Como seres humanos, hay muchas cosas que podemos crear por nosotros mismos: entretenimiento, historias, dolor, crema dental, tal vez incluso una conversación positiva con uno mismo. Pero es difícil crear esta cosa que nos libera de la esclavitud del yo. No podemos crear por nuestra cuenta la palabra de gracia de Dios. Hay que decírnosla el uno al otro. Es una forma inconvenientemente terrible y muchas veces incómoda en que las cosas suceden. Si pudiéramos recibir la Palabra de Dios a través de la devoción piadosa y privada -a través de un tranquilo tiempo a solas con Dios- la vida cristiana sería mucho menos desordenada. Pero, como nos lo dice Pablo, la fe viene a través de escuchar, y escuchar implica tener a alguien justo ahí contando el relato.

A veces esto viene en la forma de alguien que nos recuerda la naturaleza extraña de Dios, como cuando mi amiga Caitlin me dijo, "Nadia, Jesús murió por nuestros pecados. Incluyendo ese" -y a veces se presenta en la forma de la confesión oral y la absolución. Pero a veces, creo que la palabra de gracia de Dios también puede venir a través del simple e imperfecto amor humano de todos los días.

✦

El año en que empecé *La Casa* cuando aún era seminarista, tuve una reunión contenciosa con un burócrata de la denominación que estaba molesto porque yo usaba un lenguaje soez (¡suspiro!) en mi blog personal. Se me había llamado a su oficina, donde él amenazó mi candidatura a la ordenación de manera poco disimulada y me aconsejó que cambiara mis maneras. Yo, por supuesto, me negué.

Salí de ese edificio de oficinas ejecutivas anidado en el área de firmas de relaciones públicas y de oficinas centrales de medios de comunicación en el centro del poder en Denver y me senté en mi Honda CR-V. Tuve que retorcer mis manos estrujando el timón durante un buen rato como si fuera el cuello de un enemigo antes de que fuera capaz de arrancar y conducir las cuatro millas que me separaban de mi casa. Media hora más tarde, ya en la cocina de mi casa vieja estilo rancho urbano de ladrillos de la década de 1940, grité despotricando mientras le contaba todo a mi amigo Jay en el teléfono.

Comencé la conversación pasando entre la heladera y la mesa del comedor instalada en la misma cocina, pero al final estaba sentada en el suelo en un rincón con mis rodillas apretadas contra mi pecho. Jay y yo nos conocíamos solo desde hacía nueve meses (esto fue años antes de que fuéramos de vacaciones junto con nuestros cónyuges a México Falso), pero él y su esposa, Annie, se habían convertido rápidamente en amigos cercanos.

"Jay, me estoy muriendo aquí. ¿Cómo se atreve? ¿Realmente él me va a impedir hacer esta cosa de la iglesia solo porque él no cree que los pastores deban usar la palabra mierda? Que me dé un puto respiro". En ese momento estaba en Modo Ira Plena, que ahora sé que generalmente no es más que solo una fachada que aparece cuando estoy completamente asustada.

Jay me calmó, aunque no del todo. Antes de colgar —y sé que esto no tiene nada de extraordinario- él me dijo: "Te amo, Nadia". Algo se rompió dentro de mí. No habíamos tenido ese tipo de amistad antes, esa clase de amistad en la que dices casualmente que amas a la otra persona antes de colgar. Pero ahora la teníamos. Y había algo en *escucharlo* que era diferente a solo imaginar que era verdad. Escuchar que yo era amada significaba algo muy particular debido al contexto en el cual lo escuché, como si Jay estuviera diciendo: "Eres un desastre, y eres amada. Tienes un pequeño problema con la ira, y eres amada. Ni siquiera te he conocido por un buen tiempo, y eres amada. Crees que estás sola pasando por todo esto, pero estás equivocada, y eres amada. Lo que estás experimentando en este momento parece tan grande, pero lo más grande es que eres amada".

Esto, al igual que escuchar que eres perdonado, es algo por lo cual nos necesitamos unos a otros.

Uno de mis feligreses, Jeff, recientemente publicó lo siguiente en la página de nuestra iglesia en Facebook:

> Lucho con despreciar a la gente... y ni siquiera por muy buenas razones. Ese tipo en la camioneta enorme masiva que me sigue tan cerca, esos hombres de negocios de Boulder, mentirosos, falsos, devorando almuerzos que cuestan cientos de dólares, la madre que exuda una autoconfianza espantosa compartiendo su conversación con toda la cafetería. De alguna manera encuentro la energía para desalojar mentalmente a esas personas todos los días. No hago más que odiar.
> Me doy cuenta que eso es lo que hago. Y me doy cuenta que lo hago porque soy una persona que, bueno, hace este tipo de

cosas. ¿Y cómo puedes convertirte en algo que no eres?

He estado buscando herramientas que me ayuden a salir de este ciclo ridículo, algo que me ayude a ver a los demás como algo más que caricaturas o encarnaciones de tendencias que desprecio. Y encontré esa herramienta, cuando les serví a algunos de ustedes la comunión en *La Casa* un domingo reciente. Los miré, les di el pan, y dije: "Hijo de Dios, este es el cuerpo de Cristo quebrantado por ti".

Hijo de Dios.

Hijo de Dios.

Todos somos hijos de Dios. Y se nos ha dado la autoridad, incluso el deber, de declarar eso el uno al otro.

Y así me encuentro en la autopista US 36, en donde está otro malparido que encarna todo lo que yo desprecio, y en mi mente, lo bendigo. Lo miro a los ojos, levanto el pan y les digo: "Hijo de Dios..."

Jeff, como muchos de nosotros, es cambiado por la palabra de gracia que él oye en la iglesia. Él está siendo formado por la Palabra de Dios.[2] A él se le da un lugar donde otros le dicen que él es un hijo de Dios. Se le da un lugar donde puede mirar a otras personas a los ojos, otras personas molestas, inconsistentes, arrogantes, entregarles el pan y decirles: "Hijo de Dios, el cuerpo de Cristo, dado por ti" y luego él, en sus propias inconsistencias arrogantes, tiene un marco de gracia que le permite ver incluso a la gente que él no puede soportar. Yo sostengo que esto no sucede por sí solo.

Por eso tenemos la comunidad cristiana. Para que podamos estar juntos bajo la cruz y apuntar hacia el evangelio. Un evangelio del cual Bonhoeffer dijo que es "francamente difícil de entender para los pia-

---

2. Una enseñanza luterana que es enormemente útil y maravillosa es nuestra comprensión de lo que se entiende por la frase "la Palabra de Dios." Para nosotros, la Palabra de Dios es, primero y, ante todo, Jesús, el Verbo hecho carne. En segundo lugar, la Palabra de Dios es cualquier forma en que la historia de la revelación que Dios hace de Dios mismo en Jesús se le comunica a la gente (de ahí la importancia de escuchar). En tercer lugar, la Palabra de Dios es la forma en que la Biblia nos dice quién es el Dios Triuno.

dosos. Porque esta gracia nos confronta con la verdad que dice: eres un pecador, un gran y desesperado pecador, ahora ven como el pecador que eres a un Dios que te ama".

Dios te quiere, a ti, en tu gloria imperfecta, rota, resplandeciente.

✥

Tal vez, después de haberla cagado de verdad, nadie le dijo a Judas: "Tú eres un pecador, un gran y desesperado pecador, ahora ven como el pecador que eres a un Dios que te ama" aunque, como me recordó Jeff, tenemos la autoridad y deber de decirnos tales cosas unos a otros.

¿Cómo hubiera sido de diferente esa comunidad cristiana si Judas hubiera recibido el perdón, como el resto de ellos lo hicieron? Una y otra vez Jesús les había dicho que debían predicar el perdón de los pecados en su nombre.

Tal vez Judas estaba destinado a traicionar a Jesús. Tal vez la historia no podría haberse dado de ninguna otra manera. Pero tal vez Judas eligió la muerte demasiado pronto. Tal vez no se valió de los medios de la gracia de Dios, y tal vez su comunidad nunca lo buscó y se los ofreció. Tal vez haberle extendido el perdón de la Palabra de Dios a Judas hubiera sido simplemente demasiado doloroso para los discípulos porque, al igual que con la gente del pueblo que se enojó cuando el endemoniado gadareno estuvo vestido y en su sano juicio, era más fácil identificar a Judas como el problema. *Judas* es el traidor... y no nosotros. Tal vez la comunidad de Judas le falló.

Y si le fallaron, espero que hayan confesado su pecado. Y yo espero que hayan oído la resonante libertad del mismo perdón y gracia que se les encargó que proclamaran al mundo. Ellos también lo necesitaban. Ustedes lo necesitan y, créanme, yo lo necesito.

Tenemos que escuchar una y otra vez quién es Dios para nosotros y qué es lo que Dios ha hecho en nuestro nombre. Debemos liberarnos unos a otros de la esclavitud a través de nuestra confesión y nuestro perdón.

Creo que esta es la razón por la que en *La Casa* a veces decimos que somos religiosos pero no espirituales. *Espiritual* se siente como si fuera un asunto individual y escapista. Pero ser *religiosos* (a pesar de todas las asociaciones negativas con esa palabra) es ser humano en medio de otros humanos que son igualmente caóticos, desagradables, y perdonados como nosotros mismos. Cuando otros idiotas en SUVs o nuestras propias intolerancias nos confrontan, ser religiosos nos permite sostener el pan en el ojo de nuestra mente y decir: "Hijo de Dios". Y a veces puede parecerse mucho a echar mano del amor imperfecto para ayudar a que las tripas de cada uno no vayan a explotar por ahí. Así que vengo a la iglesia con mis entrañas hechas un nudo y escucho que soy perdonada y nuevamente escucho de un Dios que baja del cielo para entrar en el dolor y la belleza de la humanidad. Yo vengo y oigo de un Dios que, todavía apestando a tumba, trepa desde la tierra y nos ofrece su cuerpo para que nosotros, a su vez, podamos ser su cuerpo en el mundo, porque hay campos de sangre a nuestro alrededor. Existen espacios abandonados de pérdida, aversión y remordimiento en los que los amados de Dios se encuentran aislados.

Debemos ser pequeños predicadores el uno para del otro y, como mi feligrés Jeff expresó, en realidad tenemos la *autoridad* para recordarles el evangelio a los demás y desafiar la oscuridad de vivir en un mundo quebrantado, señalando a la luz de Cristo. Todos necesitamos que nos sostengan nuestras manos magulladas y delgadas cual si fueran de papel, mientras alguien más nos dice: "Eres perdonado, y eres amada".

Desde que consideramos la pregunta, cuál es la diferencia entre Judas y Pedro[3], me he preguntado qué habría pasado si Judas hubiera tenido un encuentro perdonador con el Cristo resucitado de la misma manera que Pedro lo tuvo. ¿Qué hubiera pasado si Judas hubiera escuchado en sus oídos una palabra de gracia solo para él, una palabra que él no

---

3. Se lo escuché al brillante Dr. Stephen Paulson, en el Seminario Luterano.

hubiera podido crear por sí mismo? ¿Aun así hubiera muerto por su propia mano?

Proclamar el amor purificador y perdonador de Dios es lo que yo llamo predicar el evangelio. Pero, en cierto modo, es realmente predicar si el que lo proclama lo oye también. Cuando me senté junto a Suzanne, sabiendo quién había sido yo hacía 20 años, sabía que yo necesitaba escuchar la palabra de perdón dado lo idiota que había sido en ese tiempo.

Tomando la mano de Suzanne, no pude evitar pensar en dos décadas atrás, cuando el dormitorio de invitados de Suzanne era el único lugar que tenía para recostar mi cabeza. Recordé que en ese entonces, durante el desayuno, me ponía camisas sin mangas de Public Enemy y hacía el menor contacto visual posible, sin dejar de apenas aparentar que le estaba escuchando una de sus historias, o cuando se le daba por despotricar. Esta mujer me estaba dando un lugar sin ningún costo en el que yo podía vivir y, sin embargo, de alguna manera me resistía a tener una conversación real con ella. Yo no era exactamente la huésped más agraciada. Pero, veinte años después, yo usaba una camisa negra del clero, y le presté toda mi atención a esa mujer en un sillón reclinable. Y me dejé consolar con solo saber que no importa cuán miserablemente ingrata yo había sido con ella, Dios de alguna manera podría redimirnos, a mí, a ella, a nuestras historias y a nuestro pecado. Y pude sentarme a su lado y proclamarle ese mensaje, unos días antes de su muerte, mientras daba unos de sus últimos respiros vacilantes.

Varios años antes de escuchar la confesión de Suzanne, la llevé a almorzar. Le agradecí por haberme acogido y le dije que deseaba poder pagarle de alguna manera. Ella respondió: "Bueno, vive tu vida, pequeña. Eso es suficiente".

Y eso es todo. Esta es la vida que tenemos aquí en la tierra. Tenemos la oportunidad de dar de lo que recibimos. Tenemos que creer el uno en el otro. Tenemos que perdonar y ser perdonados. Tenemos que amar imperfectamente. Y nunca sabremos el efecto que tendrá en los próximos años. Y todo eso... todo eso vale la pena completamente.

Santos Accidentales

18

El Mejor Sentimiento de Mierda en el Mundo

Australia parece un Canadá lejano, solo que tiene animales más divertidos". Le decía esto a Jane, mi directora espiritual, cuando yo trataba de explicarle el enredo que había causado por haber aceptado ir a una gira de conferencias. "Si quisiera estar con blancos pobremente vestidos y que hablan inglés bien podría quedarme en casa".

Jane es una setentona segura de sí misma que ha escrito varios libros sobre la oración, y sin embargo ella nunca, en todos los años que llevo conociéndola, me sugirió orar más. Por eso la amo. Mayormente solo me escucha y ocasionalmente me "invita" a considerar algo que yo nunca me permitiría considerar por iniciativa propia, como la idea de que yo soy una buena persona y que la gente *no está* en una campaña contra mí. Ella nunca deja de ofrecerme un vaso de agua y un asiento en su pequeña oficina iluminada por el sol, escondida detrás de su *bungalow* de los años 1920, donde he llorado, me he dado cuenta de cosas grandes, me he aburrido y me he dicho las mismas palabras más de una docena de veces. A través de todo eso, Jane ha escuchado fielmente y tratado de mostrarme que no soy una persona tan horrible. Me negaría a creer esto de casi cualquier otra persona, porque casi nadie más está tan familiarizado con las partes más negras de mi corazón. Pero Jane me conoce desde hace tanto tiempo que confío en ella, incluso cuando dice palabras que secretamente encuentro sospechosas.

Le estaba explicando que Australia no era un lugar que me moría por conocer, pero el verdadero problema era que, sin saberlo, ya había comprometido mi gira de conferencias en *Down Under*, como solemos llamar a Australia, para el fin de semana justo cuando dos de mis feligreses tenían su boda –una boda que ya había accedido a oficiar. Ups.

Mi conflicto era el producto de algo que muchos de nosotros enfrentamos. Al igual que básicamente todos los demás adultos que conozco que tratan de balancear más de un rol –ser a la vez una nueva mamá y una empleada; ser un jefe y también el que cuida a un padre demente y anciano; ser alguien tratando de mantenerse sobrio y a la vez tener que seguir siendo abogado- yo nunca siento que consigo hacerlo todo o que estoy complaciendo a todos en mi vida. Es un sentimiento tan común que es casi aburrido hablar de ello. Pero cuando estás en medio de todo eso, la angustia resultante es agudísima.

Las demandas de mi tiempo fuera de mi propia congregación se habían acelerado al punto que tuve que idear un plan para que todo funcionara sin perder la cabeza ni decepcionar a las personas en mi vida. Este fue el plan:

1. Contratar un asistente para tratar todo lo relacionado con mis comunicaciones públicas y los detalles relacionados con conferencias en eventos.
2. Poner en la agenda las citas para un café y el cuidado pastoral para los días hasta cuando tuviera que viajar y justo después de mi regreso.
3. Comer de verdad.
4. Dormir de verdad.
5. Hacer ejercicio de verdad.

Mi brillante plan de cinco puntos para que todo funcionara, por ser todo a la vez (esposa, madre, pastora, amiga, escritora, oradora), funcionó. Más o menos. ¡Está bien! no funcionó en absoluto. Me sentí como un camarero que balancea una pila de platos demasiado alta -seguí moviéndome y maniobrando para que ningún plato se me cayera. Para mí era importante que no se cayera nada, y si las necesidades ocasionales de pastillas para dormir y Netflix y estados catatónicos inducidos por chocolate eran el precio a pagar, que así fuera.

Ese era el problema. Desde afuera mi plan parecía ser un "buen plan de autocuidado", pero en realidad, era solo una larga lista de hábitos que adopté para asegurarme que podría seguir trabajando en exceso. Tal vez si el vino blanco y la cocaína me hubieran dado los mismos resultados, habría tomado ese camino. Lo que sí pasó fue que, me decidí por *CrossFit* y las 8:30 para ir a la cama.

Pero esta estrategia se manifestó como pura ansiedad en mi cuerpo. No de la clase que se olvida de cómo caminar o llevar aire a sus pulmones, sino la permanente, la de baja intensidad que te lleva a que siempre tengas miedo, miedo de nada en particular, y sientas que tus latidos han sido reemplazados por el dun-dun, dun-dun de la música de las películas de terror.

Cada mes tomaba el vaso de agua que Jane me ofrecía, me sentaba en el sillón al lado de la ventana en su oficina, y le decía lo asustada que yo estaba de decepcionar a mis feligreses. Yo estaba segura de que todos los platos estaban a punto de caer y que todos los que eran importantes para mí se irían a cortar horriblemente las plantas de los pies y me culparían. Estaba siempre a breves momentos de que todos estuvieran resentidos conmigo. Pero si pudiera superar la mala banda sonora de la película de terror, si pudiera seguir avanzando, seguir funcionando en exceso, entonces nadie iría a pensar que soy esa persona horrible que ya por seis años he tratado de convencer a la encantadora Jane que soy.

※

Para cuando mis feligreses Jeff y Tracy se comprometieron, mi calendario se había llenado de tal manera que lo primero que hicieron Jeff y Tracy al día siguiente no fue comenzar a buscar un lugar ni a publicar la noticia en Facebook, sino llamarme para asegurar que su boda en el otoño, con una anticipación de un año y medio, fuera tenida en cuenta en lo que llamaron burlonamente "calendario pastora celebridad". Yo revisé mi calendario, que estaba todavía limpio, y anoté la fecha de la boda.

Tracy estaba a punto de terminar su doctorado en terapia física, un programa que comenzó cuando se mudó a Denver tres años antes, que fue también el tiempo en el que ella comenzó a venir a *La Casa*. Ella venía de Seattle, donde asistía a una iglesia hermana nuestra –la Iglesia de los Apóstoles. Ella sabía, cuándo hizo la mudanza, que tendría un hogar con nosotros. Tracy es la persona más ruidosa en la iglesia.[1] Nunca hay que adivinar lo que ella está pensando. Tiene una fe hermosa y una vez me dijo que la fisioterapia es su vocación cristiana. Ella sirve a Dios ayudándole a las personas a mover sus cuerpos.

Jeff es tan tranquilo como se podrán imaginar que podría ser un ingeniero que hace espejos. Son espejos para el espacio sideral, nada menos. Supongo que las cosas tienen que rebotar de los satélites de alguna manera, sí, espejos, para el espacio. Jeff tiene una preciosa voz de bajo, y él y Tracy son dos de los muy pocos luteranos reales de la ELCA en nuestra iglesia. Se conocieron en *La Casa* y se enamoraron allí. Y ahora iban a casarse.

Seis meses más tarde, revisando mi calendario de conferencias noté que algo no estaba bien.

Le escribí a Tracy: "Tracy, no te asustes. Pero ¿cuál es la fecha de la boda otra vez?"

Ella respondió: "13 de septiembre. ¿Por qué?"

Septiembre 13. ¡MIERDA! Al 13 de septiembre se le ocurrió caer justo en medio de las dos semanas de la gira por Australia que yo había reservado dos semanas después de haber aceptado la boda de Jeff y Tracy. Aparentemente mi calendario no se había sincronizado con el de Lisa, mi asistente, y la boda no apareció cuando accedí a viajar a

---

1. Que ya es decir demasiado puesto que Rick Strandloff también se congrega en *La Casa*.

Australia.

Jeff y Tracy tenían todas las razones para esperar que la pastora que los amaba fuera la que oficiara su boda. La habían planeado con *dieciocho meses* de anticipación para asegurarse de que ella fuera la que estuviera frente a ellos mientras hacían sus votos para pasar sus vidas amándose para bien, para mal, o para peor. Ella les había dicho que ellos y que las demás personas en *La Casa* eran una prioridad para ella y, sin embargo, aquí estaba ella diciendo: "Oh, Dios mío, Dios mío... En realidad estaré brincando de un lugar a otro por toda Australia con un montón de marsupiales".

Envié un correo electrónico a la gente en Australia preguntando que puesto que aún faltaba un año, si por favor podrían cambiar las fechas por una semana y yo renunciaría a mis honorarios. Sentí que la pila alta de platos que yo estaba balanceando empezó a moverse. Ellos respondieron. No. Ellos ya habían gastado diez mil dólares alquilando un espacio e imprimiendo materiales.

Tracy y Jeff gastaron un par de días tratando de ver si era posible cambiar su fecha. Les dije que si costaba más dinero yo les daría los honorarios que iría a ganar en Australia. Pero no fue posible. Jeff y Tracy tenían demasiados familiares que ya habían organizado sus vidas alrededor de esa fecha. Ahora eran mis brazos los que temblaban. Empecé a correr de aquí para allá. Hola, gente de Australia, ¿y si yo personalmente le pidiera a Rachel Held Evans que haga este show por mí?

No. Ellos me querían a mí. Las mujeres no reciben la ordenación sacerdotal en la iglesia luterana en Australia y estaban justo en el punto en que necesitaban escuchar una fuerte voz pastoral femenina.

No había dimensión de fuerza ni movimiento que pudiera prevenir lo que estaba pasando. Era un desastre. No me veía con la valentía para decirles a Jeff y a Tracy "debo romper mi compromiso con ustedes para poder ir a Australia". Ni tampoco me atrevía a decirle a la gente en Australia "lo siento por ese evento de diez mil dólares, pero no voy a ir".

No había forma de que pudiera salir de ese embrollo luciendo bien y, lo más importante, sin dañar a alguien en el proceso.

Mi práctica es darles la bienvenida a las nuevas personas en la iglesia asegurándome que son conscientes que *La Casa*, en algún momento, los va a decepcionar. Que voy a decir o hacer algo estúpido y que los va a defraudar. Y luego les animo a que decidan antes que eso suceda si van a quedarse después que suceda. Si se van, les digo, que se van a perder la forma en que la gracia de Dios entra y llena las grietas que quedan tras nuestro quebrantamiento. Y eso es demasiado hermoso para perderse.

"Este es el momento, ¿no?" Preguntó Tracy en un texto.

"¿Eh?" Respondí.

"Cuando haces o dices algo estúpido y nos decepcionas".

"Maldición. Sí. Creo que sí".

Yo me estaba muriendo. No lo había recordado. Quiero decir, lo había dicho, sí, muchas veces, pero la verdad es que todavía prefiero ser buena antes que cometer un error y recibir la gracia.

A la mañana siguiente desperté para encontrar un correo electrónico de Tracy.

Querida Pastora Nadia,

Jeff y yo te liberamos del compromiso de hacer nuestra boda. Por mucho que esto sea doloroso, entendemos por qué. Nuestra pastora necesita estar en Australia. Te amamos. Y te perdonamos.

Tantas lágrimas.

Lloré porque necesitaba ser liberada. Necesitaba a alguien que dijera "Nadia, deja caer los putos platos", porque el miedo a que se cayeran me estaba torturando y eso, a la larga, era mucho peor que soltarlos. Y lloré porque había tenido tanto miedo durante tanto tiempo a que mis feligreses empezaran a sentirse ignorados y se resintieran conmigo, y me agoté tratando de evitar eso, porque los amo, y al final, lo que temía sucedió de todos modos, y eso estaba bien y ellos estaban bien.

Más tarde, cuando me senté y le conté a Jane esta historia, una de las muchas historias de gracia compartida a lo largo de los años, ella dijo: "Tú la has predicado por tanto tiempo, y sin embargo, has tenido tanto miedo de llegar a necesitarla".

Ella tenía razón. Era como si todos esos sermones que había predicado hubieran ido convirtiendo a Jeff y a Tracy en silos de gracia para su propia predicadora. En el momento, cuando lo que necesitaba era amor y gracia y perdón, cuando yo necesitaba lo que trato de predicarles a los demás, ellos tenían suficiente para compartir, incluso tras haberlos decepcionado.

Y lo que pasa con la gracia, la gracia real, es que tiene su aguijón. La gracia pica porque si es real significa que no la merecemos. Ningún movimiento que se me hubiera podido ocurrir, ni la fuerza que hubiera podido emplear, podrían haber sostenido esos platos que había apilado demasiado alto. Lo intenté, y fracasé, y Jeff y Tracy sufrieron por ello, y luego me extendieron la amabilidad, la compasión y el perdón que habían atesorado en su silo de dolor y gracia.

La iglesia está en un muy mal estado. Yo sé eso. Todos, todas, incluyéndome, hemos sido heridas por eso. Pero como mi amiga Heather, pastora de la Iglesia Unida de Cristo, suele decir: "La iglesia no es perfecta. Es práctica". En el pueblo de Dios, aquellos que hemos sido noqueados hasta el culo por la gracia de Dios, practicamos dando y recibiendo lo inmerecido.

Y recibir la gracia es básicamente el mejor sentimiento de mierda del mundo. No quiero necesitarlo. Preferiblemente podría hacerlo todo, y ser de tal manera que nunca me enredara. Eso puede ser lo que preferiría, pero nunca es lo que yo necesito. Lo que yo *necesito es* romperme y volverme a remendar en una forma diferente por esa fusión de lo humano y lo divino, lo que es saber que realmente te jodiste y que recibes gracia y amor y perdón en lugar de recibir lo que realmente mereces. Necesito exactamente aquello que hago, cuando hago todo lo necesario para poder evitar lo que necesito.

La picadura de la gracia no es diferente de la picadura de ser bien amados, porque ser bien amados está íntimamente ligado a todas las veces en las que no hemos sido bien amados, todas las veces que nosotros mismos no hemos amado bien a los demás, y todas las cosas que hemos hecho o no hemos hecho que parecen evidencias contra nuestra dignidad. Amor y gracia son palabras tan engañosamente suaves, pero las dos pican como demonios y nos transforman para que seamos algo que nosotros mismos no podríamos crear.

※

Un año después de que Jeff y Tracy me perdonaran, estuve en Sydney, Australia, de pie frente a varios cientos de mujeres en una institución educativa cristiana dando una charla sobre lo que creo que es el evangelio, y me salí del libreto.

"Honestamente, a veces el evangelio es simplemente otras personas. Algunas veces la única manera en que Dios nos llega es a través de los agentes de Dios, y dos de esos agentes entrenados se van a casar hoy. Sus nombres son Jeff y Tracy, y quiero hablarles de ellos".

Conté toda la historia. Y luego les hice prometer a todas que orarían por ellos y por sus vidas juntos. Sí, lo hice. En realidad hice que cientos de mujeres australianas oraran en ese momento por dos personas en el otro extremo del globo. No porque me sintiera culpable, sino porque me sentía agradecida.

19

Bienaventurados Sean

No importaba que nadie hubiera hecho las galletas santas este año. No. De verdad. Nuestra pseudo tradición inventada se fue por la ruta aquella de "tenías que haber estado allí" de la mayoría de los chistes que solo los de adentro entienden, así como deben darse las cosas.

No me había dado cuenta de que faltaban las galletas sino hasta cuando llegué a la iglesia esa tarde en un claro, inusualmente cálido, primer domingo de noviembre. Entrando a nuestro salón parroquial y viendo a Amy Clifford descargar pilas de tela blanca y varias cajas de velas en el escenario, recordé simultáneamente dos cosas que había olvidado. Parece que sucede de esa manera, las cosas que he olvidado se dan a conocer todas a la vez. Como si las llaves de mi auto, devolver esa llamada, el cumpleaños de mi padre, y el nombre de mi peluquero estuvieran todos juntos en el mismo rincón oscuro de mi mente fumando y contando chistes hasta que todos deciden que es hora de asomarse.

Cuando llegué a la iglesia esa tarde, dos pensamientos pasaron por mi cabeza: "Me olvidé de las galletas santas" y "Olvidé mi *New York Times* en Chipotle". No me importaban las galletas, pero el periódico era para un pequeño altar que había hecho en honor a Suzanne Lynch para la fiesta de Todos los Santos de este año.

Rick Strandloff llegó momentos después con un pequeño altar que había hecho para su amigo.[1] Me vio en una de las mesas cubiertas de velas poniendo una foto de Suzanne –un retrato encantador en blanco y negro de cuando ella era una abogada de rostro fresco en los años 1970, tan joven, y animada por una inteligencia feroz. Rick había recordado haber leído unos meses antes lo que yo había escrito en mi blog en su honor.

"¿Esa es ella?" preguntó.

Alisé el mantel blanco hasta lograr una superficie plana más confiable en la que puse una taza de café y le dije cómo, cuando vivía en su cuarto para las visitas, Suzanne y yo leíamos el *New York Times* (ella las noticias, yo la sección de entretenimiento) cada mañana mientras tomábamos café, y que había dejado la copia del *Times* que había comprado para acompañar su foto y esta taza de café en el Chipotle donde había almorzado, y que no tuve tiempo de conseguir otro ejemplar.

Quince minutos después sentí un golpecito en mi hombro. Rick me entregó una copia nueva del *New York Time* edición dominical. Se había gastado seis dólares de sus ingresos, muy limitados en su caso.

"Necesitas tener esto" dijo, con su maníaca mezcla de sinceridad y entusiasmo. "Es importante".

Estos pequeños actos de amor son tan naturales en Rick. Siempre he visto a este hombre amar a la gente con facilidad y extender su bondad a todos a su alrededor sin una pizca de enjuiciamiento. Cuando se me preguntó recientemente por qué no he ascendido en la escala dejando *La Casa*, todo lo que pude decir fue: "Porque ellos siguen haciéndome cambiar. Me topé y tropecé con esta gente de maneras sagradas, frustrantes e inimaginables, y me di cuenta, después, en algún momento, que la forma de mi corazón cambió para bien".

Siguió llegando más gente para organizar fotos y objetos con el fin de honrar a los que habían muerto. Hay un cuidado particular que uno toma poniendo esas cosas ordinarias, sagradas, en una mesa para exhibirlas. Se hace con lentitud, como si fuera una exposición cuadro por

---

1. En *Pastrix*, Rick, un estafador/ex convicto /organizador de fiestas increíbles con el corazón de un siervo es descrito más detalladamente. Él es un miembro maníaco y maravilloso de nuestra comunidad, y la mayoría del tiempo, bastante ruidoso.

cuadro en la acción de colocar una foto de tu padre y su viejo guante de béisbol sobre una mesa blanca llena de velas, especialmente cuando solo seis meses antes todavía podías sostener la mano que una vez usó ese guante. Hay una intención en algo tan simple como poner una pelota de béisbol, un guante o una copia del *New York Times* en una mesa de Todos los Santos.

A medida que las mesas se llenaban con los nombres, fotos y posesiones de nuestros amados que ya se habían ido, y tarjetas para acompañarlos, algunos nombres resaltaban como lo había hecho el de Alma White cinco años antes, pero por diferentes razones. Una tarjeta al lado de una flor, "niño abortado". Una tarjeta "M. M., asesinado por un conductor borracho". Una copia impresa de la elegía de Bobbie Jo para Amy Mack, su amiga del alma, con una rosa blanca al lado de la foto de la silla de ruedas vacía de Amy en las montañas.

Ese domingo la reunión iba a ser de pie, únicamente, y no me di cuenta que la madre de Billy estaba ahí hasta que hice contacto visual con ella en el momento en que nos deseamos la paz y puse mi mano en mi corazón. Cuando me le pude acercar me di cuenta de que estaba sosteniendo una foto de Billy.

"¿Lo que dijiste sobre cómo si tan solo amar a Billy era suficiente para mantenerlo vivo, él todavía estaría aquí? Eso era lo que realmente necesitaba que alguien hubiera dicho ese día", me dijo con ojos llenos de lágrimas. Nos abrazamos, entonces ella me apartó suavemente como si dijera: "Estoy bien, vaya ahora a abrazar a alguien más".

No había sabido que ella estaba en el salón antes cuando había predicado incluso mencionándola en el sermón. Yo había predicado que puede ser fácil ver las bienaventuranzas –las "bienaventurados son" que acabábamos de leer- como el mandato de Jesús para que hagamos todo lo posible por ser más dóciles, más pobres y más llorones a fin de que seamos benditos ante los ojos de Dios.

Y como las bienaventuranzas son siempre la lectura del evangelio para el Domingo de Todos los Santos, pueden llevar a que las personas que se llamen santas parezcan inalcanzablemente buenas y las personas que no lo son (esto es, nosotros) nos sintamos indignas de ser bienaventuradas. Además, puede ser fácil mirar, por ejemplo, a la Madre Teresa y pensar, *bueno, ella es una santa porque era mansa. Así que si yo también quiero ser bienaventurada debo tratar de ser mansa como ella.* (No me malinterpreten, debemos valernos de más personas tratando de ser como la Madre Teresa; es solo que yo no pienso que su virtud de mansedumbre fue lo que la llevó a ser considerada como bienaventurada por Jesús).

Pero, ¿qué pasa si las bienaventuranzas no tienen que ver con una lista de condiciones que debemos cumplir para ser bienaventurados o bendecidos? ¿Qué tal que no sean virtudes a las que debamos aspirar? ¿Qué pasa si la sentencia de Jesús "bienaventurados los mansos" no sea instructiva sino operativa, *performativa* –que el pronunciamiento de bendición es en realidad lo que confiere la bendición? Tal vez el Sermón del Monte se trata de la bendición espléndida de Jesús a las personas que lo rodeaban en esa colina, bendiciendo a todos los santos accidentales en este mundo, especialmente aquellos para quienes ese mundo –como el nuestro- no parece tener mucho tiempo: personas con dolor, gente que trabaja por la paz en lugar del lucro, gente que ejerce misericordia en lugar de la venganza.

Tal vez Jesús simplemente estaba bendiciendo a los que lo rodeaban ese día, a gente que de otro modo no recibiría ninguna bendición y que habían llegado a creer que, para ellos, las bienaventuranzas nunca estarían en las cartas. Quiero decir, vamos, ¿no suena eso como algo que Jesús haría? ¿Tirando extravagantemente bienaventuranzas, bendiciones como si crecieran en los árboles?

En ese domingo de Todos los Santos, imaginé a Jesús entre nosotros ofreciendo algunas nuevas bienaventuranzas, dije a la congregación:

Bienaventurados los agnósticos.

Bienaventurados los que dudan. Aquellos que no están seguros, que todavía pueden asombrarse.

Bienaventurados los que están espiritualmente empobrecidos y por lo tanto están tan inseguros de todo, que ya no pueden recibir nueva información.

Bienaventurados los que no tienen nada que ofrecer.

Bienaventurados los niños en edad preescolar que hacen fila en la comunión.

Bienaventurados los pobres de espíritu.

Ustedes son del cielo y Jesús los bendice.

Bienaventurados son aquellos para quienes la muerte no es una abstracción.

Bienaventurados los que han sepultado a sus seres queridos, por quienes las lágrimas podrían llenar un océano. Bienaventurados los que amaron lo suficiente como para saber cómo se siente una pérdida.

Bienaventuradas las madres de los bebés que no pudieron nacer.

Bienaventurados los que ya no se pueden dar el lujo de tomar las cosas por sentadas.

Bienaventurados los que no pueden desmoronarse porque tienen que mantenerse firmes por tantos a quienes se les ha quitado tanto.

Bienaventurados aquellos que "todavía no lo ha superado".

Bienaventuradas sean la esposa de Larry y la madre de Billy y las amigas de Amy Mack.

Bienaventurados los que lloran.

Ustedes son del cielo y Jesús los bendice.

Bienaventurados los que nadie más nota. Los niños que se sientan solos a comer a la hora del almuerzo en la secundaria. Los tipos de la lavandería en el hospital. Las trabajadoras sexuales y los barrenderos del turno de la noche.

Bienaventurados los fracasados y los bebés y las partes de nosotros mismos que son tan pequeñas, las partes de nosotros mismos que no quieren hacer contacto visual con un mundo que solo ama a los ganadores.

Bienaventurados los olvidados.

Bienaventurados los que aún están en el armario.

Bienaventurados los sin empleo, los sin nada con que impresionar, los sin nadie que los represente.

Bienaventurados los adolescentes que tienen que descubrir formas de ocultar las nuevas cortaduras en sus brazos. Bienaventurados los mansos.

Ustedes son del cielo y Jesús los bendice.

Bienaventurados los acusados injustamente, los que nunca atrapan pero huyen sin poder descansar, aquellos para quienes la vida es dura, porque Jesús eligió rodearse de gente como ellos.

Bienaventurados los que no tienen documentación.

Bienaventurados los que no tienen cabilderos, aquellos que nadie aboga a su favor.

Bienaventurados los niños en hogares de paso y los niños trofeo y los niños de educación especial y todos los demás niños que solo quieren sentirse seguros y amados.

Bienaventurados los que tienen hambre y sed de justicia.

Bienaventurados los que saben que tiene que haber más que esto. Porque tienen razón.

Bienaventurados los que toman terribles decisiones de negocios por el bien de la gente.

Bienaventurados los trabajadores sociales que se quemaron y los docentes que trabajan en exceso y los abogados que defienden casos sin pago alguno.

Bienaventurados los bondadosos jugadores de la NFL y sus esposas-trofeo que recaudan fondos.

Bienaventurados los chicos que se interponen entre los matones y los débiles.

Bienaventurados los que oyen que son perdonados.

Bienaventurados los que me han perdonado cuando no lo merecía.

Bienaventurados los misericordiosos, porque han entendido de qué se trata todo esto.

Me imaginé a Jesús ahí, de pie, bendiciéndonos a todos, porque creo que esa es la naturaleza de nuestro Señor. Porque, después de todo, Jesús, quien tenía todos los poderes del universo a su disposición, no consideró su igualdad con Dios como algo a ser explotado. En cambio, él vino a nosotros en las formas más vulnerables, como un recién nacido de carne y hueso, impotente. Como si dijera: "Puede que ustedes odien sus cuerpos, pero yo bendigo toda carne humana. Es posible que ustedes admiren la fortaleza y la fuerza, pero yo bendigo toda la debilidad humana. Es posible que estén buscando el poder, pero yo bendigo toda la vulnerabilidad humana". Este Jesús a quien seguimos lloró en la tumba de su amigo y ofreció la otra mejilla y perdonó a los que lo colgaron en una cruz. Él *era* la Bienaventuranza de Dios -la bendición de Dios para los débiles en un mundo que admira solamente a los fuertes.

Más tarde, cuando arreglábamos todo después de la liturgia, apilábamos las sillas, doblábamos las mesas flexibles, apagábamos las velas, recogí el cirio pascual, alto, moteado de negro. Mi mano sintió la cera lisa, vertida siete meses antes por Victoria, y noté que mientras que las impurezas de los restos quemados de las velas del año anterior eran visibles en las profundidades de la cera, los costados eran lisos y de color blanco puro. Pensé, *¿qué es este reunirnos para vivir y contar y convertirnos en la historia de Jesús si no una fusión de restos y una nueva formación?*

Nos exponemos al brillo de la luz de Dios que nos calienta por un rato, pero con el tiempo nos derretimos. Nuestras resistencias y planes y estrategias y cicatrices y el orgullo se derriten en los momentos en que somos perdonados por nuestros amigos, y cuando Jesús nos etiqueta en fotos poco halagadoras, cuando abrazamos lo que tratábamos de ocultar (en otros y en nosotros mismos), y cuando satisfacemos las necesidades de alguien más, y cuando le llevamos la Eucaristía a una mujer moribunda (que salvó a nuestro lamentable culo de 23 años).

Cuando todo esto tiene un significado en la historia englobante de Jesucristo, nos destruye y luego vierte nuestros seres fundidos en otra forma que todavía lleva las marcas de cómo llegamos allí.

Entonces nos convertimos en algo que puede llevar la luz cuyo brillo no disminuye, ni siquiera cuando se divide y se presta.

Yoramos, oh Dios, rige, gobierna, y preserva con tu continua protección toda tu iglesia, dándonos paz en este tiempo de nuestra alegría pascual; a través del mismo Señor Jesúcristo, tu Hijo, que vive y reina contigo.
y el Espíritu Santo, un solo Dios, ahora y por siempre. Amén.

Nota para los lectores

Las historias en este libro se cuentan según lo mejor que puedo recordarlas. Algunos detalles que pueden servir como identificación se han cambiado para proteger la privacidad de algunas personas, gente realmente asombrosa. En algunos lugares, he condensado líneas de tiempo por el bien del flujo narrativo. Como con cualquier memoria, la historia que recuerdo y cuento puede diferir en algunos aspectos de cómo otros habrán experimentado el mismo evento.

La mayoría de estas historias se centran en las prácticas y las personas de mi congregación, House for All Sinners and Saints (en esta edición, *La Casa*). Por amor a ellos, les pido que si después de leer este libro están intrigados y quieren saber o experimentar más, consideren interactuar con nosotros en línea. Necesitamos reservar nuestro supremamente limitado espacio físico en la liturgia para aquellos en el área de Denver que están buscando una comunidad. Gracias por entender esta solicitud.

Dicho esto, si quieren una comunidad como aquella de la cual acaban de leer, estoy segura que ustedes no son los únicos en su ciudad que sienten lo mismo. Así que hagan lo que hicimos: reúnan a un pequeño número de personas una vez al mes simplemente para compartir una comida y orar juntos. Hablen de sus vidas y de lo que está pasando en el mundo. Sean ustedes mismos. Extiendan la gracia. Lean el evangelio… y repitan. (Desde tiempos antiguos, santos y pecadores han llamado "iglesia" a esa misteriosa experiencia transformadora). Háganlo ustedes mismos a ver qué sucede. Se van a sorprender. Con toda seguridad, yo misma me sorprendí.

Reconocimientos

Tengo muchas más personas en mi vida que brindan su apoyo y amor de lo que probablemente merezco y sin las cuales no podría hacer lo que hago.

Mi gratitud va para:

Mi iglesia, que es tan generosa al compartirme.

Mi familia, que es tan generosa en amarme.

Mis editores: Nicci, que es exasperante pero sabe totalmente cómo sacar lo mejor de mí, y Dave, que nunca parecía alterarse por mi mierda.

Mi agente, Greg, que tiene mi respaldo.

Amigos y colegas escritores que enriquecieron este proyecto con sus comentarios increíbles: Barbara Lehr, Sara Miles, Domenica Ruta, Phil Harrison, y Heather Kopp.

Las personas que me prepararon innumerables tazas de café en Hooked on Colfax.

La gente de CFPH a quienes no le importa nada lo que hago fuera de nuestro gimnasio.

Y Zaqueo, el más grande de los gran daneses.

Gracias.

Preguntas para la Discusión

1. En el primer capítulo, Nadia escribe: "Todos los santos que he conocido han sido accidentales —personas que sin darse cuenta tropezaron con la redención... Lo que nos hace santos de Dios no es nuestra capacidad para ser santos, sino la capacidad de Dios para trabajar a través de los pecadores". ¿Hay alguien en tu propia vida a quien quisieras considerar un "santo" o tal vez un santo accidental? ¿Por qué? ¿Alguna vez has pensado de ti mismo como un santo, de ti misma como una santa?

2. Nadia escribe: "Me tropiezo con los momentos sagrados sin darme cuenta de dónde estoy hasta que todo ha terminado. Soy torpe en el amor y luego, accidentalmente digo lo correcto en el momento adecuado sin siquiera darme cuenta... luego muestro ternura cuando es necesario, y luego me doy la vuelta y pienso en mí misma con demasiada frecuencia". ¿Te encuentras atrapada, te encuentras atrapado en un conflicto similar? ¿Qué te revelan esos intentos de ser "buenos"? ¿Acerca de Dios? ¿Acerca de ti mismo, acerca de ti misma?

3. Nadia dice que, en la cruz, "Jesús toma nuestra mierda y la intercambia por su bienaventuranza". ¿Has visto que este intercambio haya ocurrido en tu vida? ¿En la de alguien más? ¿Qué bendición has recibido en lugar de tu "mierda"? ¿Cuál ha sido el resultado?

4. En el capítulo 4, Nadia escribe que si ella fuera Jonás, su Nínive sería hablar en eventos juveniles. Pero, "a veces el hecho de que

no hay nada en ustedes que los convierta en las personas adecuadas para hacer algo es exactamente lo que Dios está buscando". ¿Cuál es tu "Nínive"? ¿Dios te ha llevado alguna vez a enfrentarte a esa cosa? ¿Qué persona o evento preferirías evitar? ¿Qué pasó? ¿Cómo se sintió?

5. Nadia describe cómo los actos "desinteresados" todavía pueden inspirar cierta clase encubierta de orgullo que es difícil de resistir. ¿Alguna vez te has sentido como si fueras el "proyecto" de alguien —como si estuvieran tratando de "ministrarte" pero de alguna manera se servían a sí mismos? ¿Cómo se sintió? ¿Por qué es tan difícil para nosotros dar a los demás sin darnos toda la importancia?

6. Cuando eras joven, ¿creías, como Nadia, que la piedad significaba seguir una lista de prohibiciones: no jurar, no mentir, no escuchar música rock, no tener ningún anhelo sexual, no beber alcohol y no responder hirientemente a los demás? ¿Ese mensaje basado en reglas ha afectado la manera cómo vives y cómo te sientes ya de adulto? ¿Existe tal cosa cómo "una vida piadosa"? ¿Es el estilo de vida y la personalidad del cristiano el enfoque principal de la fe?

7. Nadia escribe sobre la Anunciación, el momento en los evangelios cuando el ángel le dice a María que Dios le dará sobrenaturalmente un hijo. "Si yo hubiera estado en su lugar, ¿qué sería para mí lo más difícil? ¿Creer la parte en la que Dios me preña y que así yo pueda dar a luz a un rey? ¿O la parte donde el ángel dijo que me favorecía?" ¿Luchas por creer que Dios te favorece? ¿Por qué? A todas estas, ¿qué significa "tener el favor de Dios"?

8. Después del tiroteo en la escuela Sandy Hook en diciembre de 2012, Nadia escribe: "Nos quedamos preguntándonos: *¿Dónde diablos está Dios?*" ¿En qué momentos te has hecho esta pregunta? ¿A qué conclusiones llegaste? ¿Qué le dirías a alguien que te hiciera esa pregunta?

9. ¿Estás de acuerdo o en desacuerdo cuando Nadia escribe que el cristianismo a menudo se vuelve sentimental de una manera que no reconoce (ni ministra a) "un mundo en el que vemos imágenes en tiempo real del sufrimiento humano?" ¿Cómo luce abrazar la esperanza del evangelio sin que sea escapista?

10. Cuando Nadia estaba una noche tan enojada como para dirigir a sus congregantes, ella encontró consuelo y sanación en la oración de una amiga y en la bebé de otros amigos a quien pudo acunar, "porque a veces solo la belleza puede liberar la fealdad". ¿Qué cosas "hermosas" han suavizado la fealdad de la vida en ti? Cuando te sientes demasiado golpeada, demasiado abatido como para continuar, ¿qué es lo que te fortalece? ¿Qué cosa hermosa puedes ofrecer a otros en lugares feos?

11. Después de enfrentar su miedo a la montaña viajando por una carretera cerca de Jericó, Nadia describe la experiencia como "una exfoliación espiritual por humillación" y escribe: "Mi corazón se había abierto". ¿Te identificas con la necesidad de independencia de Nadia? ¿Alguna experiencia que te haya puesto en una posición humilde ha arrancado esa independencia haciéndote más suave hacia los demás? ¿Cómo podemos aprender a darle la bienvenida a la vulnerabilidad antes que evitar la necesidad que tenemos de los demás?

12. ¿Qué se siente al saber que Jesús "invertía su tiempo con gente para quienes la vida no era fácil"? ¿Alguna vez te juzgas a ti misma cuando tu vida se vuelve dura? ¿Alguna vez te has sentido como el extraño que no es fácilmente comprendido por un grupo de personas ni bienvenido en su círculo, incluso en la iglesia?

13. Nadia escribe: "Cuando las personas me incomodan más allá de la razón, puedo garantizar que es porque están demostrando algo que yo opto por no ver en mí misma". ¿Es esto cierto en tu propia vida? Describe algunas personas que te molestan. ¿Qué rasgos tienen? ¿Reconoces algunos de ellos en ti mismo, en ti misma? ¿Cómo podríamos cambiar nuestras actitudes hacia tales personas?

14. Reflexionando sobre el Jueves Santo, Nadia escribe: "Al final no somos castigados por nuestros pecados sino que son nuestros pecados los que nos castigan". ¿Alguna vez has sentido que un pecado tuyo te castiga? ¿Porqué es tan difícil para nosotros recibir perdón, incluso cuando sentimos los efectos que el pecado puede causar en nosotros?

15. Cuando Andie, la amiga unitaria de Nadia, dice: "Creo que estoy teniendo una crisis de la fe… Creo que creo en Jesús" Nadia le responde: "Lo siento mucho, pero sucede que a veces Jesús sale a tomarte de sorpresa y no hay nada que puedas hacer al respecto". ¿Alguna vez te has sentido "perseguido" por Jesús? ¿Cómo fue eso? ¿Te anima escuchar que cinco años después de su "crisis" Andie estaba dirigiendo la liturgia de la Pascua en *La Casa*?

16. "En cierto modo, todos nuestros aleluyas son un tanto almibarados/un tanto mohosos". ¿Qué oyes que Nadia está insinuando

en esta declaración? ¿Qué puedes hacer con tus propios aleluyas tan enredados?

17. "La misericordia de Dios es... un instrumento contundente", escribe Nadia, "es de la que mata lo que lo maltrató y resucita algo nuevo en su lugar". ¿Alguna vez has experimentado la misericordia como un agente de cambio doloroso, pero redentor? ¿Qué murió y qué fue "resucitado" como resultado? ¿Cómo describirías la pasión perdonadora de Dios por su pueblo?

18. Nadia escribe que "la bella gracia radical que fluye desde el corazón de Dios hacia la bendita y quebrantada humanidad de Dios" no es posible encontrarla fuera de la comunidad. ¿Qué te hace sentir esa afirmación? ¿Puedes reconocer formas mediante las cuales tratas de fabricar la gracia de Dios por tu propia cuenta? ¿Cómo podríamos balancear la necesidad de estar en comunidad con la importancia de sacar tiempos a solas para nosotros mismos?

19. Nadia cree que es propio de la naturaleza de nuestro Señor bendecirnos. ¿Alguna vez has encontrado que es difícil de creer eso en tu propia vida? ¿Qué significa ser bendecido por Dios? ¿Cómo nos cambia esa bendición?

20. "Dios te quiere, a ti, en tu gloria imperfecta, rota, resplandeciente". ¿Te identificas con esta declaración? ¿Qué significa ser imperfecto y quebrantado, pero, de alguna manera, resplandeciente y glorioso? ¿Por qué crees que es en este estado en el que Dios nos quiere?

Una Conversación con la Autora

Nadia respondió a nuestra invitación a compartir más con sus lectores acerca de su proceso y motivaciones para escribir *Santos accidentales*. Para esta entrevista, David Kopp y Derek Reed, editores de *Convergent Books*, aportaron las preguntas.

Tú eres una pastora supremamente ocupada. ¿Qué te mantuvo atada a tu teclado cuando estabas escribiendo *Santos accidentales*?

Supongo que creo que estamos en un momento en la vida de la iglesia en el que las historias de los fracasos son mucho más importantes que las historias de éxito. Y cuento con tanto material de esa clase para trabajar, ¡así que seguí escribiendo!

Durante mucho tiempo los cristianos han contado hagiografías de los santos y mantenido esas historias como el ideal por el que deberíamos esforzarnos. Sin embargo, hoy, esas historias son recibidas con escepticismo.

Exacto. A menos que la propia naturaleza humana haya cambiado de alguna manera dramática, creo que la obra de Dios en el mundo es y siempre se desarrolla a través de los pecadores. No hay nada de malo en eso. Algunas veces las personas menos calificadas son las que Dios está buscando, y yo creo que eso es un mensaje más inspirador que el que dice, "he aquí este ejemplo de piedad resplandeciente que deberías tratar de emular."

Tú eres muy abierta con tu historia personal, y en algunas de las historias que cuentas –si no en la mayoría- corres muchos riesgos. ¿Hubo una historia en *Santos accidentales* que fue la más difícil para contar?

La historia de Amy y Bobbie. Esa fue lo más difícil, la más vulnerable porque tuve que admitir algo que me he pasado toda la vida tratando de evitar, pero terminó siendo mi historia favorita en el libro. He pasado toda mi vida tratando de evitar la vulnerabilidad. Mi *modus operandi* era aparecer tan fuerte como me fuera posible para que nadie se aprovechara de mí. Pensé que nadie podría lastimarme si yo era poderosa y fuerte todo el tiempo. Pero la ironía es que en realidad estoy en mi posición más fuerte cuando soy vulnerable.

Creo que mi congregación me enseñó eso, en cierto sentido. Cuando estaba empezando *La Casa* conocí a una mujer que ahora es una de mis mejores amigas, Sara Miles. Yo me lamentaba que no tenía la personalidad de un pastor. Mi queja era, "¿Qué voy a hacer?" y ella me dijo: "Cariño, no te preocupes. Tu gente te convertirá en la pastora que ellos necesitan que seas." Creo que eso se ha hecho realidad. Mi congregación necesita que yo sea el tipo de pastora que es profundamente confesional en su predicación, que está dispuesta a ser vulnerable. Lo necesitaban de mí, así que es en eso en lo que me he convertido.

Cuéntanos de tu obsesión con *CrossFit*. ¿Hay una dimensión espiritual en eso? ¿O es la Nadia airada, tendiente al aislamiento que se recupera de tu vida como pastora?

Me gusta decir que *CrossFit* me ayuda a expulsar algunos de los aspectos menos elegantes de mi personalidad en forma de sudor en el gimnasio cada mañana. Es como *exor*-cismo, ¿sabe?

También es mi escena social —esas son las personas con las que salgo en mi tiempo libre. Me encanta tener un espacio en mi vida que está tan separado, en una manera, de todo lo demás, que me permite ser conocida y querida en un espacio en mi vida que no tiene nada que ver con lo que hago en el mundo. ¿Qué si es "espiritual"? Realmente no lo veo como tal, no.

Pero seguramente la gente de tu gimnasio te hace preguntas sobre tu trabajo como pastora, ¿no es así?

Todos saben lo que hago; simplemente no les importa. Para decirte la verdad, casi toda mi vida social transcurre con personas que no asisten a la iglesia. Creo que eso es saludable. Creo que los pastores deberían tener un espacio en el que son aceptados y conocidos, aparte de lo que hacen.

En *CrossFit*, te das duro. Tienes un entrenador, estás trabajando en tu fuerza y condicionamiento, etcétera. Pero en *Santos Accidentales*, cuando escribes sobre la vida espiritual, dices, "Buena suerte cuando trates de mejorarte a ti mismo. No se puede llegar allá desde aquí;

no puedes esforzarte lo suficiente. No eres mejorable." Háblanos de ese contraste.

Hay cosas que puedes hacer para mejorar tu cuerpo físico: puedes comer mejor, puedes hacer más ejercicio, puedes levantar pesas. Pero yo no pienso que podamos mejorar nuestro ser espiritual en nuestras propias fuerzas. Al menos yo no lo he experimentado así. Tal vez el yo espiritual de algunas personas se mejora mediante ciertas prácticas. Pero para mí, cualquier cambio que yo haya experimentado en un nivel espiritual casi siempre ha sucedido a pesar de mí misma, no debido a mí misma.

Como estadounidenses, somos creyentes fervientes en la superación personal. Creemos que si solo trabajas duro y te aplicas, puedes mejorar, y yo creo que hemos importado esa creencia a nuestras vidas como cristianos de una manera que puede ser realmente dañina.

¿Hay algo acerca de las antiguas tradiciones de la iglesia -los sacramentos, las liturgias, las velas, los cantos- que pueda considerarse moderno? Parece que hay algo que funciona, no solo en tu iglesia, sino cada vez más entre los *millennials*.

Muchas de las personas en mi congregación viven en situaciones de caos. Ya sea porque algunos son consejeros de personas que acaban de experimentar agresión sexual, o porque trabajan con personas sin hogar o con embarazadas adolescentes. O también porque mantienen unidos sus componentes dislocados con cinta transparente –tienen problemas de salud mental, están lidiando con la inestabilidad o la adicción, o tratando de articular su identidad por primera vez. Entonces, contar con un espacio profundamente litúrgico y sacramental en ese caos, un espacio donde pueden venir y escuchar las mismas palabras cada semana, proporciona una especie de estabilidad a sus vidas.

Por ejemplo, el *Kyrie* ha existido durante, cuántos, ¿un par de milenios? Por generaciones los fieles han dicho: "Señor, ten piedad; Cristo, ten piedad; Señor, ten piedad," y hay una manera en la que con simplemente agregar tu voz a ese coro puedes enraizarte en medio del caos en tu vida. La liturgia tiene su propia integridad -no exige mi propia integridad para ser eficaz. Podemos entrar en esta cosa que se mantiene por sí sola y no exige un tipo particular de piedad o sentimiento emocional, ni siquiera *creencia* de parte nuestra. Solo estamos agregando nuestras voces a las oraciones de los fieles, y poco a poco va formando lo que somos. Por eso me gusta decir que tenemos que estar profundamente arraigados en la tradición para innovar con integridad.

¿No se requiere adherir a una creencia para trabajar?

Así es. No se requiere. Sorprendentemente, no me preocupa en absoluto lo que la gente en mi iglesia cree. La creencia va a estar influenciada por todo tipo de cosas con las que yo no tengo nada que ver, así que no me siento responsable por eso. Soy responsables de lo que *escuchan* –y oír el evangelio, las buenas noticias acerca de quién es Dios, lentamente nos forma con el tiempo. No encuentro que la *creencia* (asentir intelectualmente un conjunto de proposiciones teológicas) sea el núcleo de evangelio, tal como lo hace mucha gente.

Muchas personas se están alejando de la iglesia tradicional por las razones que estás describiendo aquí -el énfasis que la iglesia pone sobre la creencia no es relevante para ellos. Tú sientes lo mismo en relación con el énfasis en la creencia, pero te has movido más hacia la *religión*. ¿Podrías comentarnos sobre eso?

Cuando digo que soy religiosa quiero decir que eso tiene que ver menos con la creencia que con aquello a lo que estoy expuesta de manera regular, lo que es mi sistema de símbolos, mi práctica en términos de ser cristiana en una comunidad –todo eso es lo que a la postre termina conformando mi creencia- como, por ejemplo, que creo en la gracia porque he experimentado la gracia a través de la historia de Jesús y la recepción de la Eucaristía y el desorden de estar en una comunidad con otros cristianos. Tomemos como ejemplo la liturgia del Viernes Santo. El hecho de que tengamos acceso a esta historia de quién es Dios en presencia del sufrimiento nos permite tener un punto de referencia para cuando el sufrimiento ocurre en nuestras vidas. Contamos con estos marcos o contenedores –estas historias, liturgias y prácticas- que nos ayudan a saber cómo enfrentar la tragedia, la violencia y el sufrimiento que padecemos en el mundo y en nuestras vidas. Si no tuviéramos ese marco, todo ese dolor simplemente se sentiría flotando, tan libremente, desarticulado. La religión en su mejor momento nos permite un tipo de arraigo que me parece significativo.

¿Qué le dices a alguien que viene a *La Casa* y dice que él o ella admira la historia y el ejemplo de Jesús, pero no están inclinados a identificarse como cristianos?

Mi amiga Sara dice que lo realmente inconveniente en ser cristiano es el hecho de que Dios se revela en otras personas, y la otra gente es molesta. Entiendo el impulso de no querer estar en comunidad. No puedo discutir con eso. Pero creo que la experiencia de tropezar con otras personas me ha cambiado de una manera que nunca podría haberme cambiado si solo estuviera leyendo libros y practicando la meditación. No podemos ser cristianos por nuestra cuenta. Es realmente incómodo, y me gustaría que hubiera una configuración diferente para eso. Pero es precisamente eso lo que nos fue dado.

John Cheever dijo que sus historias siempre empezaban porque en él sus sentimientos en torno a una persona, o un incidente, o una escena, llegaban a nivel de intensidad. Tú no eres novelista, pero creo que escribes de la misma manera. Gran parte de este libro comenzó, no como una idea, sino como una historia que empezaste a sentir intensamente en tu vida.

Mi creencia y mi fe, todas provienen de la experiencia. Todas. Absolutamente todas. ¡Dejaría de escribir esas historias si me dejaran de pasar!

No hago apología cristiana. No trato de convencer a nadie de nada. Todo lo que hago es decir: "Esto es lo que creo que es cierto, porque esta es mi experiencia, y aquí está la creencia que esta experiencia ilumina." Lo extraño es que yo soy, al mismo tiempo, una teóloga luterana bastante ortodoxa.

¿Cómo sobreviviste en el seminario, cuando tu fe se basa mucho más en la experiencia que en la creencia?

No me importan mucho las ideas, a menos que esas ideas te ayuden a tropezar con el significado de eventos reales, cosas reales, cuerpos y personas. Si hay una idea que te ayuda a entender el significado detrás de las cosas reales, entonces es genial. Si no es así, me importa una mierda. Pero eso es lo que pasa con el evangelio. Más que cualquier otra cosa, el evangelio nos ayuda a sacar ideas de la suciedad de la experiencia de una manera que le pone sentido a lo que ocurre tras bambalinas en nuestras vidas.

Háblanos sobre el significado de la Eucaristía a la luz de lo que has escrito acerca de experiencia *vs* creencia, y de la participación en algo físico como una puerta hacia Dios.

Eso es lo loco del evangelio -la idea de que lo finito puede contener lo infinito. Después de todo, ¿qué es la encarnación si no eso?

Así que hay un aspecto físico increíble en lo espiritual dentro del relato del evangelio. No hay este tipo de separación griega rara en el que hay un mundo espiritual superior y un mundo corrompido, malo de la carne. Todo es uno. Si Dios eligió tener un cuerpo, hay entonces una manera en la cual las cosas espirituales se revelan en las cosas físicas que nos rodean: el pan, el vino, la gente, las lágrimas, la risa.

¿Tú ves tu escritura como un acto de invitar a la gente a un sacramento de la misma manera que lo haces cuando estás parada en frente de tu congregación?

Escribir no es sacramental *per se*, pero espero que apunte a algo más grande que yo. Si la gente lee algo que yo escribo, y su reacción es sobre mí en lugar de reaccionar sobre ellos mismos y Dios, entonces no creo que haya tenido éxito. Si la reacción es, "Nadia y su iglesia son geniales," no vale la pena escribir. Pero si, de alguna manera, mi relato de estas historias invita a las personas a un espacio donde pueden considerar algo verdadero y quebrantado y bello sobre ellas mismas —o si las impulsa a buscar una comunidad en la que el pan es partido y compartido, y se les dice que ese es el cuerpo de Cristo y que es para el perdón y que es para ellas- si esa es la respuesta, entonces mi escrito vale la pena totalmente. No se trata de mí o de mi congregación en particular. Se trata de esta invitación que todos tenemos a la vida de Dios.

¿Hay algún tipo de persona en particular que tú esperas que *no lea* tu libro?

Realmente no. Eso es lo que me sorprendió de mi último libro. Hubo gente a la que le gustó y que yo estaba segura que lo odiaría.

¿Qué hay en tu mensaje que energiza a aquellos lectores que podrían no ser los tuyos?

Yo diría, la libertad cristiana. No estoy atada al legalismo ni a la vergüenza. Soy libre en lo que soy, y mi congregación es libre de vivir como cristianos de una manera que tenga sentido para nosotros. La gente no habla lo suficiente acerca de qué es, cómo es, la libertad de un cristiano. Nos centramos en lo que parezca ser ley, en la moralidad, en cómo es el estilo de vida cristiano, pero nunca hablamos de la *libertad* de un cristiano. Es una libertad profunda, hermosa e hilarante que, creo, atrae a la gente de maneras que no lo logra la centralidad en "el estilo de vida de un cristiano."

Mucha gente no experimenta ese tipo de libertad, y tienen hambre de ella. Sin embargo, a la gente se la ha alimentado con cucharadas de tonterías diciéndoles que eso es Jesús.

Tú escribes sobre "el aguijón de la gracia." ¿Qué quieres decir con eso?

Existe este poder de Dios en el universo que es restaurador y redentor, y nadie es digno de eso, pero todos pueden recibirlo. Es poderoso, pero es ofensivo al mismo tiempo, porque no es justo, y no funciona en nuestras nociones de justicia. Nos cambia, y es lo que necesitamos, pero eso no significa que se sienta bien. Si es verdadera gracia, nunca va a sentirse bien

Richard Rohr dice que las personas que verdaderamente han experimentado la gracia —queriendo decir que no son dignos de ella y aun así la obtienen-, ya no están más en la posición de poder decidir quiénes son "los pobres que la merecen." Cuando te das cuenta de que nadie es digno y, sin embargo, todos reciben (la práctica de la iglesia que ilumina esta idea es la mesa abierta en la Eucaristía) ¿dónde está el montículo moral en el que te encaramas? El único terreno en el que puedes pararte es al pie de la cruz, con todos los demás pecadores. Pero ese es terreno sagrado. Es una posición de estar en y entre, y en solidaridad con todos, y cantando alabanzas a Dios. Es una manera muy diferente de ver el cristianismo, creo yo.

Tu libro es intencionalmente no prescriptivo, pero ¿hay algo que tú quieres que pase con sus lectores una vez que terminen de leerlo y lo cierren?

Quiero que comiencen a ver cómo la gracia y la misericordia y el perdón y el quebrantamiento y la belleza reales, genuinos, están a su alrededor, en sus vidas. Les aseguro que las cosas que me pasan a mí también les están sucediendo a ellos. Es solo que pienso en esas cosas con tanta obsesión que termina sintiéndose como si fuera una enfermedad mental no tan interesante. Mas la gloria de Dios en medio de nuestra basura se revela todo el tiempo, a nuestro alrededor. Lo que yo espero es que la gente lea el libro y la vea y se dé cuenta de cuán transformadora puede ser.

www.ingramcontent.com/pod-product-compliance
Lightning Source LLC
Chambersburg PA
CBHW020122130526
44591CB00032B/343